中等职业教育"十二五"规划教材

中职中专国际商务专业系列教材

进出口货物报关实务

丛凤英 沈 生 主 编

黄 玮 牛慈康 副主编

科学出版社

北 京

内 容 简 介

本书以一般进出口货物的通关为重点，介绍了报关与海关管理制度及国家外贸管制的关系与规范，阐述了与一般进出口货物通关相关的报关程序、完税价格的审定、税率的确定、税费的计算、报关单填制的方法和技巧，以及其他海关监管货物的基本知识及报关要点。

本书坚持"以就业为导向，以技能为核心"的职业教育指导思想，针对中等职业教育的特点，按照报关员岗位的基本要求，紧密联系进出口货物报关业务的实际，每章设置有综合实训，让学习者在学习理论知识的同时，进行技能训练，提高职业能力。

本书可作为中等职业技术学校国际商务专业及相关专业的教材，也可作为报关员资格考试应试者、海关工作人员及相关从业人员的参考书。

图书在版编目（CIP）数据

进出口货物报关实务/丛凤英，沈生主编. —北京：科学出版社，2011
（中等职业教育"十二五"规划教材·中职中专国际商务专业系列教材）
ISBN 978-7-03-031016-3

Ⅰ.①进… Ⅱ.①丛… ②沈… Ⅲ.①进出口贸易－海关手续－中国－中等专业学校－教材 Ⅳ.①F752.5

中国版本图书馆 CIP 数据核字（2011）第 085366 号

责任编辑：熊远超 / 责任校对：耿 耘
责任印制：吕春珉 / 封面设计：耕者设计工作室

科 学 出 版 社 出版
北京东黄城根北街 16 号
邮政编码：100717
http://www.sciencep.com

百 善 印 刷 厂 印刷
科学出版社发行 各地新华书店经销

*

2011 年 8 月第 一 版 开本：787×1092 1/16
2011 年 8 月第一次印刷 印张：12 3/4
印数：1—3 000 字数：287 500

定价：22.00 元
（如有印装质量问题，我社负责调换〈百善〉）
销售部电话 010-62134988 编辑部电话 010-62135763-2021（VF02）

中职中专国际商务专业系列教材
编委会

主　任

姚大伟（上海思博学院副校长、教授）

副主任

符海菁（上海思博国商学院副院长、副教授）

丛凤英（汕头外语外贸学校副校长、高级讲师）

成　员（按姓氏拼音排序）

毕燕萍（广东工贸学校校长、高级讲师）

陈　强（上海东辉职校副校长、高级讲师）

顾晓滨（黑龙江对外贸易学校校长助理、高级讲师）

乐嘉敏（上海现代职校培训部主任、高级讲师）

马朝阳（河南外贸学校外贸教研室主任、高级讲师）

尚小萍（上海振华外经贸职校副校长、高级讲师）

童宏祥（上海工业技术学校教研室主任、高级讲师）

张　华（辽宁对外贸易学校教务主任、高级讲师）

张艰伟（上海南湖职校一分校副校长、高级讲师）

丛 书 序

　　30多年来的改革开放已经使我国成为经济全球化的受益者,我国已经成为对外贸易增长最快的国家之一。自2002年以来,我国的对外贸易连续5年保持两成以上的高速增长态势。2006年我国对外贸易进出口总额达到17 607亿美元,稳居全球第三位。2007年,世界经济贸易仍处于扩张周期,中国经济在结构优化、效益提高和节能降耗的基础上继续保持平稳较快增长,我国对外贸易发展的总体情况仍然较好,全年有望保持较快的增长。

　　对外贸易的快速增长必然对国际商务人才产生巨大的需求。因此,人才的匮乏与该行业的蓬勃发展极不相称。为了适应国际商务专业的教学改革以及以就业为导向的培养目标,我们在科学出版社的组织下编写了"中职中专国际商务专业系列教材"。这套教材完全适合国际商务专业核心骨干课程的教学需要,同时兼顾了外贸行业的外销员、货代员、单证员、报关员、报检员、跟单员等职业资格考试的要求,既可以作为广大中职中专院校的教材,还可供从事外贸业务人员作为专业培训的参考用书,对参加有关职业资格考试的人员也大有裨益。

　　本套教材的编写有如下特点:

　　1. 力求把职业岗位能力要求与专业的学科要求融入其中,以能力为本,体现对学生应用能力培训的目标。

　　2. 注重技能的训练,在基本原理的基础上将技能实训引进来,让学生通过实训学会解决实际问题。

　　3. 与行业职业资格考试相衔接,内容和练习等紧扣相关考试要求。

　　4. 注重对新知识的讲解,适应不断变化的国际贸易环境,以提高学生的适应力。

中职中专国际商务专业系列教材编委会

前　言

2010 年我国对外贸易额近 3 万亿美元，是全球第二大贸易国，其中出口额居世界首位。随着我国进出口贸易的快速增长，海关的通关管理日趋规范，对报关员队伍的整体素质提出了更高的要求。为适应进出口企业及报关行业对这方面人才的需求，更多更好地培养报关员后备力量，作者组织了部分多年从事报关实务教学及考前培训辅导的、经验丰富的教师及长期从事海关管理的专家编写了本书，以供教学与培训之用。

本书以一般进出口货物的通关为重点，阐述了海关相关管理制度和与进出口货物报关业务相关的基本理论、基本知识与基本技能。

本书分为三大部分共六章。第一部分包括第一章和第二章，主要阐述报关与海关管理制度及国家外贸管制的关系与规范；第二部分是重点与核心部分，包括第三章至第五章，主要阐述与一般进出口货物通关相关的报关程序、完税价格的审定、税率的确定、税费的计算以及报关单的填制规范；第三部分为第六章，主要阐述其他海关监管货物的基本知识及报关要点。

在编写体例上，每章均以明确的"本章主要内容"、"学习要求"和"技能目标"开篇，之后引入"正文"，以"综合实训"提供实操平台，为学生的学习和技能训练提供指引和便利；正文部分提供了相关列表、程序简图、单证（表格）样式、例题及演示、报关单填制范例等，设置了"读一读"、"议一议"、"想一想"、"查一查"等小窗口，用以补充相关知识，扩大视野，活跃思维，激发学生学习的主动性和积极性，提高教学效果。同时，本书还融入了信息化教学理念，设置了"网络链接"版块，穿插介绍了有关的网络资源（主要来自海关总署、商务部等官方网站），帮助学生进行自主性、拓展性的学习，这对于提高学生的学习效果将产生积极的作用。

本书在编写过程中，坚持"以就业为导向，以技能为核心"的职业教育指导思想，针对中职教育的特点，按照报关员岗位的基本要求，力求做到以能力为本位，以应用为核心，以讲清基本知识、强化应用为重点，紧密联系进出口货物报关业务的实际，突出针对性、实用性和可操作性，体现"教、学、做"合一的教育理念。

丛凤英、沈生任主编并负责本书审稿和总纂，黄玮、牛慈康任副主编，协助主编组稿、审稿等。参加本书编写的人员按章节顺序为：第一章（沈生、李孟），第二章（黄玮、陈茹），第三章（黄玮、张洁璇），第四章（沈生、张华），第五章（丛凤英、牛慈康、蔡锦晖），第六章（黄玮，第一、二节；丛凤英、蔡锦晖和王丰，第三、四、五、六节；沈生，综合实训）。

本书参考了本领域众多相关专家的研究成果，在此表示衷心感谢！

由于编者水平有限，不足之处在所难免，恳请读者批评指正。

丛凤英

2011 年 5 月

目　录

第 一 章

报关与海关管理

本章主要内容

作为报关活动的关系人，报关单位及报关人员应对海关的基本情况有所掌握和了解。同时，报关单位及其报关员素质的高低又直接关系到海关的行政效率、进出口通关速度和对外贸易秩序，因此，海关十分重视对报关单位及其报关员的主体资格管理和对报关员的考核管理。我国海关法律法规规定，进出口货物收发货人、报关企业及其所属报关员办理报关手续，必须依法经海关注册登记，未经海关注册登记的报关单位和报关人员不得从事报关业务。

本章主要介绍我国海关基本情况、报关单位及报关员注册登记制度、报关单位及报关员报关行为规则和我国海关法律制度。

学习要求

1. 了解海关的性质、任务、权力、管理体制与机构设置。
2. 掌握报关及报关单位的概念、范围与分类。
3. 了解报关单位的注册登记制度与报关单位的行为规范。
4. 掌握报关员的职责、权利与义务、行为规范。
5. 了解与报关工作相关的海关法律制度。

技能目标

1. 能熟练办理报关员资格申请及注册手续。
2. 能按要求确定报关业务中的行为规范。

第一节 海 关 管 理

一、我国海关的管理体制与机构

（一）我国海关的领导体制

《中华人民共和国海关法》（以下简称《海关法》）规定，"国务院设立海关总署，统一管理全国海关"，"海关依法独立行使职权，向海关总署负责"，"海关的隶属关系，不受行政区划的限制"，这些规定明确了海关总署作为国务院直属部门的地位，进一步明确海关机构的隶属关系，把海关集中统一的垂直领导体制以法律的形式确立下来。

（二）我国海关的设关原则

我国《海关法》第 3 条明确规定了海关的设关原则："国家在对外开放的口岸和海关监管业务集中的地点设立海关。"这一设关原则为海关管理从口岸向内地、进而向全关境的转化奠定了基础，同时也为海关业务制度的发展预留了空间。

> **网络链接**
>
> 我国各直属海关网站可登录海关总署首页：
> http://www.customs.gov.cn/publish/portal0/
> 点击相关链接。

（三）海关的组织机构

海关机构的设置为海关总署、直属海关和隶属海关三级。隶属海关由直属海关领导，向直属海关负责；直属海关由海关总署领导，向海关总署负责。此外，为打击走私犯罪活动，经国务院决定，由海关总署、公安部联合组建走私犯罪侦查局，设在海关总署。

> **网络链接**
>
> 我国海关总署组织机构及其职能可链接
> http://www.customs.gov.cn/default.aspx?tabid＝2798

二、我国海关的性质与任务

我国《海关法》第 2 条规定："中华人民共和国海关是国家的进出关境监督管理机关。海关依照本法和其他有关法律、行政法规，监管进出境的运输工具、货物、行李物品、邮递物品和其他物品，征收关税和其他税、费，查缉走私，并编制海关统计和办理其他海关业务。"该条款明确表述了中国海关的性质与任务。

（一）海关的性质

中华人民共和国海关是国家的进出关境监督管理机关。其性质主要体现在以下几个方面。

（1）海关是国家行政机关

海关是国家的行政管理机关之一，是国务院的直属机构，从属于国家行政管理体制。海关代表国家依法独立行使行政管理权。

（2）海关是国家进出境监督管理机关

海关履行国家行政制度的监督职能，是国家宏观管理的一个重要组成部分。海关监督管理的范围是进出关境及与之有关的活动，监督管理的对象是所有进出关境的运输工具、货物、物品。

（3）海关的监督管理是国家行政执法行为

海关通过法律赋予的权力，对特定范围内的社会经济活动进行监督管理，并对违法行为实施行政处罚，以保证这些社会经济活动按照国家的法律规范进行。海关执法的依据是《海关法》和其他有关法律、行政法规。地方法规、地方规章不是海关执法的依据。

（二）海关的任务

《海关法》明确规定海关有四项基本任务，即监管进出境的运输工具、货物、行李物品、邮递物品和其他物品（以下简称"监管"），征收关税和其他税费（以下简称征税），查缉走私（以下简称缉私）和编制海关统计（以下简称统计）。

（1）监管

监管是海关最基本的任务，海关的其他任务都是在监管工作的基础上进行的。根据监管对象的不同，海关监管分为运输工具监管、货物监管和物品监管三大体系，每个体系都有一整套规范的管理程序与方法。

（2）征税

征税，即征收关税和其他税、费，是海关的另一项重要任务。"关税"包括进口关税和出口关税；"其他税、费"指海关在货物进出口环节，按照关税征收程序征收的有关国内税、费，目前主要有增值税、消费税和船舶吨税等。

（3）缉私

查缉走私是海关为保证顺利完成监管和征税等任务而采取的保障措施。海关是打击走私的主管机关。查缉走私是指海关依照法律赋予的权力，在监管场所和海关附近的沿海沿边规定地区，为发现、制止、打击、综合治理走私活动而进行的一种调查和惩处活动。

我国《海关法》第5条规定："国家实行联合缉私、统一处理、综合治理的缉私体制。"

读一读

何谓走私？

走私是指进出境活动的当事人或相关人违反《海关法》及有关法律、行政法规，逃避海关监管，偷逃应纳税款、逃避国家有关进出境的禁止性或者限制性管理，非法运输、携带、邮寄国家禁止、限制进出口或者依法应当缴纳税款的货物、物品进出境，或者未经海关许可并且未缴应纳税款、交验有关许可证件，擅自将保税货物、特定减免税货物以及其他海关监管货物、物品、进境的境外运输工具在境内销售的行为。

（4）统计

海关统计是海关依法对进出口货物贸易的统计，是国民经济统计的组成部分，是国家制定对外经济贸易政策、进行宏观经济调控、实施海关严密高效管理的重要依据，是研究我国对外贸易经济发展和国际经济贸易关系的重要资料。

除了这四项基本任务以外，近几年来国家通过有关法律、行政法规赋予了海关一些新的任务，主要包括：知识产权海关保护、实施反倾销、反补贴和保障措施。

网络链接

海关主要统计数据及统计分析可链接

http://www.customs.gov.cn/default.aspx?tabid=400

三、我国海关的法律体系

我国对海关法采取了国家最高权力机关、国务院和海关总署三级立法的体制。这种海关法律体系在结构上形成了以国家最高权力机关制定的《海关法》作为母法，以国务院审定的有关行政法规，海关总署单独制定或会同国家其他行政机关共同制定的海关规章和规范性文件的三级海关法律体系。此外，我国签订或缔结的海关国际公约或海关行政互助协议也是我国海关执法的依据。

网络链接

海关法律法规查询可链接

http://www.customs.gov.cn/default.aspx?tabid=399

四、海关的权力

海关权力是指国家为保证海关依法履行职责，通过《海关法》和其他法律、行政法规赋予海关的对进出境运输工具、货物、物品的监督管理权能。根据《海关法》及有关法律、行政法规，海关的权力主要包括以下几方面。

（1）行政审批权

海关行政审批权包括海关对进出口货物收发货人提出的转关运输申请的审核、减免税审批、对参加报关员资格全国统一考试报名资格的审核等。

（2）税费征收权

海关税费征收权包括代表国家依法对进出口货物、物品征收关税及其他税费；根据法律、行政法规及有关规定，依法对特定的进出口货物、物品减征或免征关税；对经海关放行后的有关进出口货物、物品，发现少征或者漏征税款的，依法补征、追征税款。

（3）行政检查权

行政检查权是海关保证其行政管理职能得到履行的基本权力。主要包括：检查权；查验权；施加封志权；查阅、复制权；查问权；查询权；稽查权。

（4）行政强制权

海关行政强制权是《海关法》及相关法律、行政法规得以贯彻实施的重要保障。具体包括：扣留权；提取货物变卖、先行变卖权；强制扣缴和变价抵缴关税权；抵缴、变价抵缴罚款权；其他特殊行政强制权，如强制滞报金、滞纳金征收权，处罚担保权，税收担保权，税收保全权等。

（5）行政处罚权

海关有权对尚未构成走私罪的违法当事人处以行政处罚，包括对走私货物、物品及违法所得处以没收，对有走私行为和违反海关监管规定行为的当事人处以罚款，对有违法情事的报关企业和报关员处以暂停或取消报关资格的处罚等。

（6）其他权力

除上述权力外，海关还拥有配备武器权、连续追缉权、行政裁定权、行政命令权、行政奖励权等。

第二节 报 关

一、报关的含义

（一）报关的含义

报关是指进出口货物收发货人、进出境运输工具负责人、进出境物品的所有人或者他们的代理人向海关办理货物、物品或运输工具进出境手续及相关海关事务的过程。

（二）结关的含义

清关即结关习惯上又称通关，指办结或暂时办结海关监管手续的行为。对于一般货物来说，在经过了申报、查验、征税、放行之后即等于结关，海关不再进行监管；而对于特殊货物，海关放行后需办清有关手续才能结关。

读一读

"报关"与"报检"的关系

在货物进出境过程中，有时还需要办理"报检"手续。报检与报关不同，指的是按照国家有关法律、行政法规的规定，向进出口检验、检疫部门办理进出口商品检验、卫生检疫、动植物检疫和其他检验、检疫手续。"报关"与"报检"的关系主要体现在：第一，报检手续先于报关手续；第二，"报检"的货物范围小于"报关"货物的范围。

二、报关的分类

（一）按照报关的对象分类

按照报关的对象，可分为运输工具报关、货物报关和物品报关。

（1）进出境运输工具

进出境运输工具主要包括用以载运人员、货物、物品进出境，并在国际间运营的各种境内或境外船舶、车辆、航空器和驮畜等。

（2）进出境货物

进出境货物主要包括一般进出口货物，保税货物，暂准进出境货物，特定减免税货物，过境、转运和通运货物及其他进出境货物。

（3）进出境物品

进出境物品主要包括进出境的行李物品、邮递物品和其他物品。以进出境人员携带、托运等方式进出境的物品为行李物品；以邮递方式进出境的物品为邮递物品；其他物品主要包括享有外交特权和豁免的外国机构或者人员的公务用品或自用物品等。

（二）按照报关的目的分类

按照报关的目的，可分为进境报关和出境报关。

一般进出口货物须办理进境报关手续或出境报关手续，加工贸易货物、补偿贸易货物、易货贸易货物须办理进境报关手续和出境报关手续。

另外，由于运输或其他方面的需要，有些海关监管货物需要办理从一个设关地点运至另一个设关地点的海关手续，即"转关"，转关货物也需办理相关的报关手续。

（三）按照报关的行为性质分类

按照报关的行为性质，可分为自理报关和代理报关。

（1）自理报关

进出口货物收发货人自行办理报关业务称为自理报关。根据我国海关目前的规定，进出口货物收发货人必须依法向海关注册登记后方能办理报关业务。

（2）代理报关

代理报关是指接受进出口货物收发货人的委托代理其办理报关业务的行为。我国海关法律把有权接受他人委托办理报关业务的企业称为报关企业。报关企业必须依法取得报关企业注册登记许可并向海关注册登记后方能从事代理报关业务。

三、进出境货物报关的基本内容

报关的基本内容根据报关对象的不同而不同。本书主要介绍进出境货物的报关。

根据海关规定，进出境货物的报关业务应由依法取得报关员从业资格，并在海关注册登记的报关员办理。海关对不同性质的进出境货物规定了不同的报关程序和要求。一般来说，进出境货物报关时，报关人员应按要求完成申报、配合查验、缴纳税费等手续，进出口货物经海关放行后，报关单位方可安排提取或装运货物。

除了以上工作外，对于保税加工货物、减免税进口货物、暂准进出境货物等，在进出境前还需办理备案申请及进出境后办理核销、结案等手续。

第三节 报 关 单 位

一、报关单位的概念

根据《海关对报关单位注册登记管理规定》第8条的规定，报关单位是指按照规定在海关注册登记的报关企业和进出口货物收发货人。

二、报关单位的类型

《海关法》将报关单位划分为两种类型，即进出口货物收发货人和报关企业。

（一）进出口货物收发货人

进出口货物收发货人是指依法直接进口或者出口货物的中华人民共和国关境内的法人、其他组织或者个人。进出口货物收发货人经向海关注册登记后，只能为本单位进出口货物报关。

（二）报关企业

报关企业，是指按照规定经海关准予注册登记，接受进出口货物收发货人的委托，以进出口货物收发货人的名义或者以自己的名义，向海关办理代理报关业务，从事报关服务的境内企业法人。

目前，我国从事报关服务的报关企业主要有两类：一类是经营国际货物运输代理、国际运输工具代理等业务，兼营进出口货物代理报关业务的国际货物运输代理公司等；另一类是主营代理报关业务的报关公司或报关行。

读一读

进出口货物收发货人

一般而言，进出口货物收发货人指的是依法向国务院对外贸易主管部门或者其委托的机构办理备案登记的对外贸易经营者。对于一些未取得对外贸易经营者备案登记表但按照国家有关规定需要从事非贸易性进出口活动的单位，如境外企业、新闻单位、经贸机构、文化团体等依法在中国境内设立的常驻代表机构，少量货样进出境的单位，国家机关、学校、科研院所等组织机构，临时接受捐赠、礼品、国际援助的单位，国际船舶代理企业等，在进出口货物时，海关也视其为进出口货物收发货人。

三、报关单位的注册登记

根据《海关法》规定，进出口货物，除另有规定外，可以由进出口货物收发货人自行办理报关纳税手续，也可以由进出口货物收发货人委托海关准予注册登记的报关企业办理报关纳税手续。进出口货物收发货人、报关企业办理报关手续，必须依法经海关注册登记。因此，向海关注册登记是进出口货物收发货人、报关企业向海关报关的前提条件。

（一）报关注册登记制度

报关注册登记制度是指进出口货物收发货人、报关企业依法向海关提交规定的注册登记申请材料，经注册地海关依法对申请注册登记材料进行审核，准予其办理报关业务的管理制度。

根据《海关法》的规定，可以向海关办理报关注册登记的单位有两类：一是进出口货物收发货人，海关对其实行备案制；二是报关企业，主要包括报关行、国际货物运输公司等，海关要求其必须具备规定的设立条件并取得海关报关注册登记许可。其他企业和单位，除《海关对报关单位注册登记管理规定》第 41 条规定的情形外，海关一般不接受申请办理报关注册登记。

（二）进出口货物收发货人注册登记

进出口货物收发货人应当按照规定提交相关的文件材料到所在地海关办理报关单位注册登记手续。对于申请材料齐全、符合法定形式的申请人由注册地海关核发《中华人民共和国海关进出口货物收发货人报关注册登记证书》，进出口货物收发货人凭以办理报关业务。《中华人民共和国海关进出口货物收发货人报关注册登记证书》的有效期为 3 年，进出口货物收发货人应当在有效期届满前 30 日到注册地海关办理换证手续。

网络链接

进出口货物收发货人注册登记、注册登记变更、换证、注销登记等事项可登陆相应直属海关网站。如青岛关区可链接

http://qingdao.customs.gov.cn/default.aspx?tabid＝41929

（三）报关企业注册登记手续

1. 成立报关企业须具备的条件

根据《海关对报关单位注册登记管理规定》，报关企业应当具备下列条件：
1）具备境内企业法人资格条件。
2）企业注册资本不低于人民币 150 万元。
3）健全的组织机构和财务管理制度。
4）报关员人数不少于 5 名。
5）投资者、报关业务负责人、报关员无走私记录。
6）报关业务负责人具有 5 年以上从事对外贸易工作经验或者报关工作经验。

7）无因走私违法行为被海关撤销注册登记许可记录。

8）有符合从事报关服务所必需的固定经营场所和设施。

9）海关监管所需要的其他条件。

2. 报关企业注册登记

符合报关企业条件的申请人，可向所在地隶属海关办理报关企业注册登记许可手续。经直属海关注册登记许可后，应当到工商行政管理部门办理许可经营项目登记，并且自工商行政管理部门登记之日起 90 日内到企业所在地海关办理注册登记手续。逾期海关不予注册登记。对于申请材料齐全、符合法定形式的申请人由注册地海关核发《中华人民共和国海关报关企业报关注册登记证书》，报关企业凭以办理报关业务。

报关企业及其跨关区分支机构注册登记许可期限均为 2 年。被许可人需要延续注册登记许可有效期的，应当在有效期届满前 40 日前向海关办理注册登记延续手续。

网络链接

报关企业跨关区分支机构注册登记许可、变更、延续、注销登记等事项可链接相应直属海关网站。如深圳关区可链接

http://shenzhen.customs.gov.cn/default.aspx?tabid＝12293

四、报关单位的报关行为规则

（一）进出口货物收发货人的报关行为规则

进出口货物收发货人在海关办理注册登记后，可以在中华人民共和国关境内各个口岸或者海关监管业务集中的地点办理本单位的报关业务，但不能代理其他单位报关。进出口货物收发货人自行办理报关业务时，应当通过本单位所属的报关员向海关办理。

进出口货物收发货人可以委托海关准予注册登记的报关企业，由报关企业所属的报关员代为办理报关业务。

进出口货物收发货人应对其所属报关员的报关行为承担相应的法律责任。

（二）报关企业的报关行为规则

1. 报关企业报关服务的地域范围

报关企业可以在依法取得注册登记许可的直属海关关区内各口岸或者海关监管业务集中的地点从事报关服务，报关企业如需要在注册登记许可区域以外从事报关服务的，应当依法设立分支机构，并且向拟注册登记地海关申请报关企业分支机构注册登记许可。经海关依法准予注册登记许可的，向海关办理注册登记后，方可在所在地口岸或者海关监管业务集中的地点从事报关服务。报关企业对其分支机构的行为承担法律　责任。

2. 报关企业从事报关服务应当履行的义务

报关企业从事报关服务应当履行以下义务：

1）遵守法律、行政法规、海关规章的各项规定，依法履行代理人职责，配合海关监管工作，不得违法滥用报关权。

2）依法建立账簿和营业记录。真实、正确、完整地记录其受委托办理报关业务的所有活动，详细记录进出口时间、收发货单位、报关单号、货值、代理费等内容，完整保留委托单位提供的各种单证、票据、函电，接受海关稽查。

3）报关企业应当与委托方签订书面的委托协议，委托协议应当载明受托报关企业名称、地址、委托事项、双方责任、期限、委托人的名称、地址等内容，由双方签章确认。

4）报关企业接受进出口货物收发货人的委托，办理报关手续时，应当承担对委托人所提供情况的真实性、完整性进行合理审查的义务。报关企业未对进出口货物收发货人提供情况的真实性、完整性履行合理审查义务或违反海关规定申报的，应当承担相应的法律责任。

5）报关企业不得以任何形式出让其名义，供他人办理报关业务。

6）对于代理报关的货物涉及走私违规情事的，应当接受或者协助海关进行调查。

代理报关委托书样式如下：

代理报关委托书

编号：□□□□□□□□□□□

_____：

我单位现_____（A. 逐票；B. 长期）委托贵公司代理_____等通关事宜。（A. 填单申报；B. 辅助查验；C. 垫缴税款；D. 办理海关证明联；E. 审批手册；F. 核销手册；G. 申办减免税手续；H. 其他）详见《委托报关协议》。

我单位保证遵守《海关法》和国家有关法规，保证所提供的情况真实、完整、单货相符。否则，愿承担相关法律责任。

本委托书有效期自签字之日起至_____年___月___日止。

委托方（盖章）：

法定代表人或其授权签署《代理报关委托书》的人（签字）

年　　月　　日

委托报关协议样式如下：

委托报关协议

为明确委托报关具体事项和各自责任，双方经平等协商签订协议如下：

委托方		被委托方		
主要货物名称		*报关单编码	No.	
HS 编码	□□□□□□□□□□	收到单证日期	年　月　日	
货物总价		收到单证情况	合同	发票
进出口日期	年　　月　　日		装箱清单	提（运）单
提单号			加工贸易手册	许可证件
贸易方式			其他	
原产地/货源地		报关收费	人民币：　元	
其他要求：		承诺说明：		
背面所列通用条款是本协议不可分割的一部分，对本协议的签署构成了对背面通用条款的同意。		背面所列通用条款是本协议不可分割的一部分，对本协议的签署构成了对背面通用条款的同意。		
委托方业务签章：		被委托方业务签章：		
经办人签章：		经办报关员签章：		
联系电话：		联系电话：		
年　月　日		年　月　日		

（白联：海关留存；黄联：被委托方留存；红联：委托方留存）

（注：协议背面"委托报关协议通用条款"略）

五、海关对报关单位的分类管理

为了鼓励企业守法自律，提高海关管理效能，保障进出口贸易的安全与便利，海关根据企业遵守法律、行政法规、海关规章、相关廉政规定和经营管理状况，以及海关监管、统计记录等，对在海关注册登记的进出口货物收发货人、报关企业进行评估，按照 AA、A、B、C、D 五个管理类别进行管理，并对企业的管理类别予以公开。海关按照守法便利原则，对适用不同管理类别的企业，制订相应的差别管理措施，其中 AA 类（经海关验证的信用突出企业）和 A 类（信用良好）企业适用相应的通关便利措施，B 类（信用一般）企业适用常规管理措施，C 类（信用较差）和 D 类（信用很差）企业适用严密监管措施。

全国海关实行统一的企业分类标准、程序和管理措施。各类企业分类标准详见《中华人民共和国海关企业分类管理办法》。

第四节　报　关　员

报关员是指依法取得报关员从业资格，并在海关注册登记，向海关办理进出口货物报关业务的人员。

一、报关员资格

我国《海关法》第 11 条规定，未依法取得报关从业资格的人员，不得从事报关业务。该规定明确了报关员资格许可制度。

（一）报关员资格考试的报名条件

我国海关规定，报关员资格考试的报名条件是：具有中华人民共和国国籍；年满 18 周岁，具有完全的民事行为能力；遵纪守法，品行端正；具有大专及以上学历。

香港、澳门特别行政区居民中的中国公民凭有效香港、澳门身份证可以报名参加考试。

台湾居民也可报名参加考试。

（二）报名手续

报关员资格考试实行网上报名与现场确认相结合的方式。

（三）报关员资格申请及报关员证书的颁发

海关总署核定并公布全国统一合格分数线。直属海关及受委托的隶属海关根据统一合格分数线，公布成绩合格、可以申请报关员资格的考生名单。根据海关公布的名单可以申请报关员资格的考生，应当自名单公布之日起 6 个月内向原报名海关申请报关员资格。海关依法对申请人授予报关员资格的申请进行受理、审查、作出决定。海关决定授予报关员资格的，于出决定之日起 10 个工作日内颁发报关员资格证书。

报关员资格证书是从事报关工作的资格证明，由海关总署统一制作，在全国范围内有效，取得报关员资格证书者可以按规定向海关申请报关员注册。

网络链接

报关员资格考试相关事项可链接

http://www.customs.gov.cn/default.aspx?tabid=5393

报关员资格证书申请表样式如下：

报关员资格证书申请表

姓　　名：＿＿＿＿＿＿＿＿＿

身份证号：□□□□□□□□□□□□□□□□□□

准考证号：＿＿＿＿＿＿＿＿＿

考试成绩：＿＿＿＿＿＿＿＿＿

学　　历：＿＿＿＿＿＿＿＿＿

特此声明：本人经报关员资格考试成绩合格，符合《中华人民共和国海关关于报关员资格考试及资格证书管理办法》规定要求，特申请报关员资格证书，并对申请时提交文件内容真实性负责。

签　　名：＿＿＿＿＿＿＿＿＿

申请日期：＿＿＿＿年＿＿月＿＿日

二、报关员注册

报关员注册是指报关单位所在地直属海关或受其委托的隶属海关，对通过报关员资格考试、依法取得报关员资格证书的人员提出的注册申请，依法作出准予报关员注册的决定，并颁发报关员证的行为。

（一）注册条件

申请报关员注册，应当同时具备以下基本条件：具有中华人民共和国国籍；通过报关员资格全国统一考试，取得《报关员资格证书》；与所在报关单位建立劳动合同关系或者聘用合同关系。首次申请报关员注册的申请人，还应当经过在一个报关单位连续 3 个月的报关业务实习。

对于报关员注册有效期届满后连续 2 年未注册，再次申请报关员注册的申请人，还应当经过海关报关业务岗位考核，考核合格的，可以向海关申请报关员注册。

（二）注册程序

申请报关员注册，应当向海关提交下列文件、材料：

1）《报关员注册申请书》。

2）申请人所在报关单位的《中华人民共和国海关报关企业报关注册登记证书》或者《中华人民共和国海关进出口货物收发货人报关注册登记证书》复印件。

3）《报关员资格证书》复印件。

4）与所在报关单位签订的合法有效的劳动合同复印件（报关单位为非企业性质的，可以提交聘用合同复印件或者人事证明）。

5）身份证件复印件。

6）所在报关单位为其缴纳社会保险证明复印件，但是，法律、行政法规另有规定的，依照其规定。

首次申请报关员注册的，还应当提交报关单位出具的报关业务实习证明材料。海关对首次申请报关员注册人员的实习实行备案制度，该类人员的实习单位与首次申请注册的单位应当为同一报关单位。

报关员注册有效期届满之日起连续2年未注册再次申请报关员注册的，还应当提交海关报关业务岗位考核合格的证明材料。

台湾居民、香港和澳门居民中的中国公民提出申请的，还应当提交《台港澳人员就业证》复印件。

报关员注册申请表样式如下：

报关员注册申请表

填表单位（盖章）　　　　　　　申请人签名

报关员注册编码		
预录入编号		照片
注册海关		
报关员姓名		
报关员身份证件号码		
出生年月日	年　　　　月　　　　日	
报关员性别		
学历		
联系电话	－	
传真	－	
移动电话		
电子邮箱		
报关单位海关注册编码		
报关单位名称		
报关类别		
报关员资格证书号码		
操作员意见		
科长		
备注		

（三）注册有效期

报关员注册有效期为 2 年。报关员需要延续注册有效期的，应当在注册有效期届满 30 日向海关提出。报关员未办理注册延续手续或者海关未准予报关员注册延续的，自有效期届满之日起，其报关员注册自动终止。

（四）相关规定

报关员更换报关单位的，应当注销原报关员注册，重新申请报关员注册。报关员遗失报关员证的，应当及时向注册地海关书面说明情况，并在报刊声明作废。海关应当自收到情况说明和报刊声明证明之日起 20 日内予以补发。

网络链接

报关员资格核准及注册登记可链接
http://www.customs.gov.cn/default.aspx?tabid=7093

三、报关员执业

取得报关员资格证书的人员，应当经海关注册并颁发报关员证后执业。报关员证是报关员执业的凭证。除法律、行政法规另有规定的外，报关单位的报关业务应当由报关员办理。

（一）报关员执业范围

1. 报关员执业地域范围

报关员应当在一个报关单位执业。

报关企业及其跨关区分支机构的报关员，应当在所在报关企业或者跨关区分支机构的报关服务的口岸地或者海关监管业务集中的地点执业。进出口货物收发货人的报关员，可以在中华人民共和国关境内的各口岸地或者海关监管业务集中的地点执业。

2. 报关员执业业务范围

报关员执业业务范围如下：
1）按照规定如实申报进出口货物的商品编码、实际成交价格、原产地及相应优惠贸易协定代码等，并办理填制报关单、提交报关单证等与申报有关的事宜。
2）申请办理缴纳税费和退税、补税事宜。
3）申请办理加工贸易合同备案、变更和核销及保税监管等事宜。
4）申请办理进出口货物减税、免税等事宜。
5）协助海关办理进出口货物的查验、结关等事宜。
6）应当由报关单位办理的其他报关事宜。

（二）报关员的权利和义务

1. 报关员的权利

报关员有以下权利：
1）以所在报关单位名义执业，办理报关业务。
2）向海关查询其办理的报关业务情况。
3）拒绝海关工作人员的不合法要求。
4）对海关对其作出的处理决定享有陈述、申辩、申诉的权利。
5）依法申请行政复议或者提起行政诉讼。
6）合法权益因海关违法行为受到损害的，依法要求赔偿。
7）参加执业培训。

2. 报关员的义务

报关员应当履行以下义务：
1）熟悉所申报货物的基本情况，对申报内容和有关材料的真实性、完整性进行合理审查。
2）提供齐全、正确、有效的单证，准确、清楚、完整填制海关单证，并按照规定办理报关业务及相关手续。
3）海关查验进出口货物时，配合海关查验。
4）配合海关稽查和对涉嫌走私违规案件的查处。
5）按照规定参加直属海关或者直属海关授权组织举办的报关业务岗位考核。
6）持《报关员证》办理报关业务，海关核对时，应当出示。
7）妥善保管海关核发的《报关员证》和相关文件。
8）协助落实海关对报关单位管理的具体措施。

（三）报关员执业禁止

报关员执业不得有以下行为：
1）故意制造海关与报关单位、委托人之间的矛盾和纠纷。
2）假借海关名义，以明示或者暗示的方式向委托人索要委托合同约定以外的酬金或者其他财物、虚假报销。
3）同时在2个或者2个以上报关单位执业。
4）私自接受委托办理报关业务，或者私自收取委托人酬金及其他财物。
5）将《报关员证》转借或者转让他人，允许他人持本人《报关员证》执业。
6）涂改《报关员证》。
7）其他利用执业之便谋取不正当利益的行为。

（四）报关员的海关记分考核管理

为了维护报关秩序，提高报关质量，规范报关员的报关行为，保证通关效率，海关总署制定了《中华人民共和国海关对报关员记分考核管理办法》（以下简称《海关对报关员记分考核管理办法》），该办法的颁布实施，是海关加强对报关员报关行为动态、实时监控的重要举措。

1. 计分考核管理的对象

报关员记分考核管理对象是取得报关从业资格，并按照规定程序在海关注册，持有报关员证件的报关员，即在职报关员。

2. 计分考核管理的范围

《海关对报关员记分考核管理办法》规定，海关对出现报关单填制不规范、报关行为不规范，以及违反海关监管规定或者有走私行为未被海关暂停执业、撤销报关从业资格的报关员予以记分、考核。

3. 报关员记分考核管理量化标准

海关对报关员的记分考核，依据其报关单填制不规范、报关行为不规范的程度和行为性质，一次记分的分值分为 1 分、2 分、5 分、10 分、20 分、30 分六个分值档次。其具体记分考核管理量化标准见《中华人民共和国海关对报关员记分考核管理办法》。

4. 计分考核管理的救济

报关员对记分的行政行为有异议的，应当自收到电子或纸质告知单之日起 7 日内向作出该记分行政行为的海关部门提出书面申辩；海关在接到申辩申请 7 日内作出答复，对记分错误的应当及时予以更正。报关员对答复不服的，可以依照《中华人民共和国行政复议法》、《中华人民共和国行政诉讼法》的规定提起行政复议或者行政诉讼。

5. 岗位考核

记分达到 30 分的报关员，海关中止其报关员证效力，不再接受其办理报关手续。报关员应当参加注册登记地海关的报关业务岗位考核，经岗位考核合格之后，方可重新   上岗。

报关员记分已达 30 分，拒不参加考核的，直属海关可以将报关员的姓名及所在单位等情况对外公告。

四、报关员的海关法律责任

报关员在报关活动中，违反《海关法》和相关法律、行政法规的，由海关或其他部门给予相应的处理和行政处罚，构成犯罪的，依法移送司法机关追究其刑事责任。

报关员违反海关监管规定的行为及其处罚如下：

1）报关员因工作疏忽或在代理报关业务中因对委托人所提供情况的真实性未进行合理审查，致使发生进出口货物品名、税则号列、数量、规格、价格、贸易方式、原产地、起运地、运抵地、最终目的地或者其他应当申报的项目未申报或者不实的，海关可以暂停其 6 个月以内报关执业；情节严重的，取消其报关从业资格。

2）报关员被海关暂停其报关执业，恢复从事有关业务后 1 年内再被暂停报关执业的，海关可以取消其报关从业资格。

3）报关员非法代理他人报关或者超出海关准予的从业范围进行报关活动的，责令改正，处 5 万元以下罚款，暂停其 6 个月以内报关执业；情节严重的，取消其报关从业资格。

4）报关员向海关工作人员行贿的，取消其报关从业资格，并处 10 万元以下罚款；构成犯罪的，依法追究刑事责任，并不得重新取得报关员从业资格。

5）提供虚假资料骗取海关注册登记、报关从业资格的，撤销其注册登记、取消其报关从业资格，并处 30 万元以下罚款。

6）报关员有下列情形之一的，海关予以警告，责令其改正，并可以处人民币 2000 元以下罚款：①有报关员执业禁止行为的；②报关员海关注册内容发生变更，未按照规定向海关办理变更手续的。

7）报关员构成走私犯罪，或者 1 年内有 2 次以上走私行为的，海关可以取消其报关从业资格。

8）海关对于未取得报关从业资格从事报关业务的，予以取缔，没收违法所得，可以并处 10 万元以下罚款。

第五节　与报关工作相关的海关法律制度

一、海关统计制度

编制海关统计是海关的四大任务之一。

（一）海关统计的性质

海关统计的性质如下：

1）海关统计是国家进出口货物贸易的统计。
2）海关统计是国民经济统计的重要组成部分。
3）海关统计是国家制定对外贸易政策、进行宏观经济调控的重要依据。
4）海关统计是研究我国对外贸易发展和国际经济贸易关系的重要资料。
5）海关统计客观地反映了我国对外贸易进出口和海关依法行政的过程和结果。

（二）海关统计范围

《中华人民共和国海关统计条例》规定，实际进出境并引起境内物质存量增加或减少的货物，列入海关统计；进出境物品超过自用合理数量的，列入海关统计。列入我国海关统计范围的货物必须同时具备两个条件：一是跨越我国经济领土边界的物质商品流动；二是改变我国的物质资源存量。

根据联合国关于国际货物贸易统计的原则，我国将进出口货物分为列入海关统计的进出口货物、单项统计货物和不列入海关统计的货物三类。

网络链接

根据以下链接查询海关有关的统计数据

http://www.customs.gov.cn/default.aspx?tabid＝400

二、海关稽查制度

海关稽查，是指海关在法定期限内对被稽查人的进出口货物、保税货物、减免税货物和与之有关的会计账簿、会计凭证、报关单证以及其他资料进行核查和监督管理的执法活动。海关稽查由海关稽查部门负责实施。

三、海关事务担保制度

海关事务担保是指与进出境活动有关的自然人、法人或者其他组织在向海关申请从事特定的进出境经营业务或者办理特定的海关事务时，以向海关提交现金、保函等方式，保证行为的合法性或保证在一定期限内履行其承诺义务的法律行为。

四、知识产权海关保护制度

根据《中华人民共和国知识产权海关保护条例》，知识产权海关保护是指海关对与进出口货物有关并受中华人民共和国法律、行政法规保护的商标专用权、著作权和与著作权有关的权利、专利权实施的保护。

知识产权海关保护的范围包括：商标专用权；著作权；与著作权有关的权利，即邻接权；专利权，包括发明专利权、实用新型专利权和外观设计专利权。以上知识产权申请海关保护必须满足两个条件：一是与进出口货物有关，即必须进出关境；二是受中国法律、行政法规保护。

网络链接

海关知识产权备案申请及相关事项可链接

http://www.customs.gov.cn/default.aspx?tabid＝2559

五、海关行政许可制度

海关行政许可是指海关根据公民、法人或者其他组织的申请，经依法审查，准予其从事与海关进出关境监督管理相关的特定活动的行为。根据《海关法》的规定和以国务院决定方式公布的行政许可项目，海关行政许可的范围如下。

1. 法律、行政法规设定的海关行政许可项目

法律、行政法规设定的海关行政许可项目为：

1）报关企业注册登记。

2）报关员资格核准及注册登记。

3）出口监管仓库、保税仓库设立审批。

4）进出境运输工具改、兼营境内运输审批。

5）海关监管货物仓储审批。

6）免税商店设立审批。

7）加工贸易备案（变更）、外发加工、深加工结转、余料结转、核销、放弃核准。

8）暂时进出口货物的核准。

9）报关单修改、撤销审批。

2. 以国务院决定方式公布的海关行政许可项目

国务院决定方式公布的海关行政许可项目为：

1）常驻机构及非居民长期旅客公私用物品进出境核准。

2）小型船舶往来香港、澳门进行货物运输备案。

3）承运境内海关监管货物的运输企业、车辆注册。

4）制造、改装、维修集装箱、核准。

5）外国在华常驻机构和常驻人员免税进境机动交通工具出售、转让、出租或移作他用审批。

6）获准入境定居旅客安家物品审批。

7）进境货物直接退运核准。

8）长江驳运船舶转运海关监管的进出口货物审批。

网络链接

海关行政许可相关事项可链接

http://www.customs.gov.cn/default.aspx?tabid＝7059

六、海关行政处罚制度

海关行政处罚是指海关对违反《海关法》、行政法规以及其他有关法律的规定尚未构成犯罪的行政管理相对人所给予的特定法律制裁。

（一）海关行政处罚的种类

海关行政处罚的种类有：

1）警告。

2）罚款。

3）没收走私货物、物品、运输工具及违法所得。

4）撤销报关企业和海关准予从事海关监管货物的运输、储存、加工、装配、寄售、展示等业务的企业的注册登记，取消报关从业资格，暂停从事有关业务或者执业。

5）取缔未经注册登记和未取得报关从业资格从事报关业务的企业和人员的有关活动。

以上有些海关行政处罚的种类可以并处。例如，没收并罚款，取缔、没收违法所得并罚款，罚款并暂停从事报关业务或执业，等等。

（二）海关行政处罚的范围

海关行政处罚的范围为：

1）依法不追究刑事责任的走私行为。

2）按走私行为论处的行为。

3）违规行为。

七、海关行政复议制度

海关行政复议是指公民、法人或者其他组织认为海关及其工作人员的具体行政行为侵犯其合法权益，依法向海关复议机关提出申请，由海关复议机关依照法定程序对该具体行政行为进行审查，并作出决定的活动。

> **查一查**
>
> 《中华人民共和国海关实施〈行政复议法〉办法》第 6 条、第 7 条关于海关行政复议范围的规定。

> **网络链接**
>
> 海关行政复议相关事项可链接
>
> http://www.customs.gov.cn/default.aspx?tabid＝2560

八、海关行政裁定制度

海关行政裁定是指为便利对外贸易经营者办理海关手续，方便合法进出口，提高通关效率，海关在货物实际进出口前，应对外贸易经营者的申请，依据有关海关的法律、行政法规和规章，对与实际进出口活动有关的海关事务作出的具有普遍约束力的决定。

海关行政裁定主要适用于以下与拟进口或出口活动有关的海关事务：

1）进出口商品的归类。

2）进出口货物原产地的确定。

3）禁止进出口措施和许可证件的适用。

4）海关总署决定可以适用行政裁定的其他海关事务。

海关作出的行政裁定自公布之日起在中华人民共和国关境内统一适用。

综 合 实 训

1. 2010 年 5 月 12 日科龙公司经批准经营进出口业务，第二天即成交一笔出口业务，为提高办事效率，公司当天就派小王去海关申报出口手续。

小王的申报能被海关接受吗？

【业务处理】

2．林某于 2009 年 7 月大学毕业后，在某家外贸公司负责报关联系工作，2009 年报名参加当年全国报关员资格考试，2010 年 2 月 15 日从海关公布的名单中得知成绩合格。

【实训要求】请根据上述业务背景，以林某及所属外贸公司的身份回答下列问题，并办理相关手续。

（1）林某应在获知成绩合格之日起多长时间内向原报名海关申请报关员资格？申请时应当提交哪些材料？

【业务处理】

（2）假设林某被某 A 外贸公司录用，该公司应向海关提交哪些资料、办理哪些手续后林某才能代表公司开展报关业务？

【业务处理】

（3）林某办理报关注册手续后，其报关的有效期为多长？

【业务处理】

（4）林某能否代表 A 外贸公司属下的 B 子公司办理报关业务？为什么？

【业务处理】

（5）假设 A 外贸公司只有林某一名报关员，这时公司欲向海关申请《进出口货物征免税证明》，可否由公司别的业务员办理？为什么？

【业务处理】

3．广州市伟达国际物流有限公司是一家经营国际货运业务的企业，公司注册资金 200 万元，现有持有报关员资格证书的员工 10 名；拥有海关监管的集装箱运输车 18 部，零担送货小卡 4 部。该公司主要提供进出口货物租船订舱、货运代理、船务代理、公路运输、铁路及航空运输代理、代办货运保险等服务业务。

【实训要求】请根据上述业务背景，以广州市伟达国际物流有限公司及其报关员的身份回答下列问题，并办理相关海关手续。

（1）该公司应向海关办理哪些手续后才能取得代理报关权？

【业务处理】_____

_____

（2）若公司取得代理报关权后，接受某货主的委托向海关申报进口一批汽车，该公司应向海关提交哪些资料？

【业务处理】_____

_____

_____

4. 某报关员在 2010 年 10 月份有如下行为：①违反海关监管规定行为，被海关予以行政处罚，但未被暂停执业、取消报关从业资格；②出借本人报关员证件。

【实训要求】请根据上述业务背景，回答下列问题。

（1）海关可对该报关员记多少分？

【业务处理】_____

_____

_____

（2）该报关员的报关业务将受到怎样的影响？

【业务处理】_____

_____

（3）如何消除这种影响？

【业务处理】_____

5. 某企业于 2009 年 10 月以一般贸易方式进口一批液化石油气，2010 年 11 月海关稽查人员张某到该企业实施稽查，发现被稽查人未按照规定编制会计账簿，便封存了该企业的进口货物，并搬走了有关账簿、单证以及电脑主机。

【实训要求】请根据上述业务背景，回答下列问题。

（1）本案中，海关稽查是否符合法定期限？

【业务处理】_____

（2）本案中，海关稽查有哪些方面不符合法律的规定？

【业务处理】_____

_____

（3）本案中，海关可对企业处以怎样的处罚？由海关哪个部门作出处罚？

【业务处理】_____

（4）本案中，进口企业是否有权向海关申请行政赔偿？

【业务处理】_____

第 二 章

报关与对外贸易管制

本章主要内容

对外贸易管制是政府的一种强制性行政管理行为。改革开放以来，我国一直采取各种措施鼓励开展对外贸易，从事对外经济、科技、文化交流。为了维护对外贸易秩序，促进对外经济贸易和科技文化交往，保障社会主义现代化建设，我国颁布了一系列对外贸易管制的法律、行政法规、部门规章，确立了各种管制制度与措施。

本章主要介绍对外贸易管制的目的、特点、基本框架和法律体系，对外贸易管制与海关监管的关系，以及对外贸易管制的主要制度与措施。

学习要求

1. 了解对外贸易管制的目的、特点和主要内容。
2. 理解对外贸易管制与海关监管的关系。
3. 掌握禁止、限制、自由货物和技术进出口管制的基本内容及报关证件。
4. 熟悉对外贸易管制的其他基本内容及相关证件。

技能目标

1. 能熟练办理对外贸易经营者备案登记手续。
2. 能办理各种贸易管制的报关手续。

第一节　对外贸易管制概述

一、对外贸易管制的含义和目的

对外贸易管制，即对外贸易的国家管制，是指一国政府从国家的宏观经济利益、国内外政策需要以及为履行所缔结或加入国际条约的义务出发，为对本国的对外贸易活动实现有效的管理而颁布实行的各种制度以及所设立相应机构及其活动的总称。

随着各国政治与经济的发展，对外贸易管制已成为各国不可或缺的一项重要的政府职能，也是一个国家对外经济和外交政策的具体体现。尽管各国所实行的对外贸易措施在形式和内容上有许多差异，但管制的目的往往是相同的，主要是为了保护本国经济利益，发展本国经济；推行本国的外交政策和行使国家职能。

二、我国对外贸易管制制度的主要内容

我国的对外贸易管制制度是一种综合管理制度，主要由海关监管制度、关税制度、对外贸易经营者管理制度、进出口许可制度、出入境检验检疫制度、进出口货物收付汇管理制度以及贸易救济制度等构成。

三、我国对外贸易管制目标的实现

对外贸易管制是一种国家管制，任何从事对外贸易的活动者都必须无条件地遵守。国家对外贸易管制的目标是以对外贸易管制法律法规为保障，依靠政府有效的行政管理手段来实现的。

（一）海关监管是实现对外贸易管制的重要手段

海关执行国家贸易管制政策是通过对进出口货物的监管来实现的。

《海关法》规定："国家对进出境货物、物品、有禁止性或限制性规定的，海关依据法律、行政法规、国务院的规定或者国务院有关部门依据法律、行政法规授权作出的规定实施监管。"该条款赋予了海关对进出口货物依法实施监督管理的权力，同时也明确了国家对外贸易管制政策所涉及的法律法规是海关对进出口货物监管工作的法律依据。

在国家进出口贸易管制过程中，首先由国家商务主管部门及其他行业主管部门依据国家贸易管制政策发放各类许可证件，最终由海关依据许可证件及其他单证（报关单、提单、发票等）对实际进出口货物的合法性实施监督管理。对于进出口受国家贸易管制的货物，只有在"单、证、货"互为相符的情况下，海关才可放行。

> **议一议**
>
> 进出口货物通关环节中的"单、证、货"三大要素的内容是什么？

（二）报关是海关确认进出口货物合法性的先决条件

按照《海关法》的规定，进出口货物、物品的收发货人或代理人应当向海关如实申报，交验进出口许可证件和有关单证。国家限制进出口的货物，没有进出口许可证件的，不予放行。因此，报关不仅是进出口货物、物品的收发货人或代理人必须履行的手续，也是海关确认进出口货物合法性的先决条件。

四、我国对外贸易管制的基本框架

我国对外贸易管制制度是一种综合管理制度，主要由海关监管制度、关税制度、对外贸易经营者管理制度、进出口许可制度、出入境检验检疫制度、进出口货物收付汇管理制度以及贸易救济制度等构成。

五、我国对外贸易管制的法律体系

我国已基本建立了以《中华人民共和国对外贸易法》（以下简称《对外贸易法》）为核心的对外贸易管制的法律体系，并依照这些法律、行政法规、部门规章和我国履行国际公约的有关规定，自主实行对外贸易管制。（对外贸易管制主要依据见表 2.1。）其所涉及的法律渊源包括：

1）全国人大及其常委会制定的相关法律。
2）国务院制定的相关行政法规。
3）商务部、卫生部等部委制定的相关部门规章。
4）相关的国际条约。

网络链接

我国外贸管制涉及的法律法规可链接

http://www.mofcom.gov.cn/b/b.html

表 2.1　对外贸易管制主要法律依据

管理制度	法律依据
货物、技术进出口许可管理制度	《刑法》、《货物自动进口许可管理办法》、《中华人民共和国对外贸易法》、《中华人民共和国货物进出口管理条例》、《中华人民共和国技术进出口管理条例》、《货物出口许可证管理办法》、《货物进出口许可证管理办法》
对外贸易经营者管理制度	《中华人民共和国对外贸易法》、《对外贸易经营者备案登记办法》
出入境检验检疫制度	《中华人民共和国进出口商品检验法》及其实施条例、《中华人民共和国进出境动植物检疫法》及其实施条例、《中华人民共和国国境卫生检疫法》及其实施细则、《中华人民共和国食品卫生法》
进出口货物收、付汇管理制度	《中华人民共和国外汇管理条例》、《出口收汇核销管理办法》、《贸易进口付汇核销监管暂行办法》
对外贸易救济措施	《中华人民共和国对外贸易法》、《中华人民共和国反倾销条例》、《中华人民共和国反补贴条例》、《中华人民共和国保障措施条例》
濒危物种进出口管理	《中华人民共和国野生动物保护条例》
进出口药品管理	《中华人民共和国药品管理法》、《精神药品管理办法》
进口废物管理	《中华人民共和国固体废物污染环境防治法》、《废物进口环境保护管理暂行规定》

第二节　我国货物、技术进出口许可管理制度

进出口许可管理制度是国家对进出口的一种行政管理制度，既包括准许进出口有关证件的审批和管理制度本身的程序，也包括以国家各类许可为条件的其他行政管理手续。货物、技术进出口许可管理制度是我国进出口许可管理制度的主体，是国家对外贸易管制中极其重要的管理制度。其管理范围包括禁止进出口的货物和技术、限制进出口的货物和技术、自由进出口的技术以及自由进出口中部分实行自动许可管理的货物。

一、禁止进出口管理

（一）禁止进口管理

对列入国家公布的《禁止进口目录》以及其他法律、法规明令禁止或停止进口的货物和技术，任何对外贸易经营者不得经营进口。

1. 禁止进口货物管理

我国政府明令禁止进口的货物主要包括以下内容。

（1）列入《禁止进口货物目录》的商品

目前我国公布的《禁止进口货物目录》包括：

1）《禁止进口货物目录》（第一批），是为了保护我国的自然生态环境和生态资源而发布的。例如，国家禁止进口属于破坏臭氧层物质的四氧化碳，禁止进口属于世界濒危物种管理范畴的犀牛角、麝香、虎骨等。

2）《禁止进口货物目录》（第二批），为旧机电产品类，是国家对涉及生产安全（压力容器类）、人身安全（电器、医疗设备类）和环境保护（汽车、工程及车船机械类）的旧机电产品实施的禁止进口管理。

3）2008 年颁布的《禁止进口固体废物目录》，由原第三批、第四批和第五批禁止进口目录补充合并而成，所涉及的是对环境有污染的固体废物的禁止进口管理，包括废动物产品，废动植物油脂，矿产品、矿渣、矿物油、沥青的废料，废药物，杂项化学品废物，废橡胶、皮革，废特种纸，废纺织原料及制品，玻璃废物，金属和含金属废物等。

4）《禁止进口货物目录》（第六批），是为了保护人体健康、维护环境安全、淘汰落后产品、履行我国所缔约的相关国际公约而发布的，如国家禁止进口长纤维青石棉、二噁英等。

（2）国家有关法律法规明令禁止进口的商品

例如，依据《中华人民共和国进出境动植物检疫法》，对来自疫区的或不符合我国卫生标准的动物或动物产品禁止进口。

（3）其他各种原因停止进口的商品

例如，停止进口属右置方向盘的汽车。

2. 禁止进口技术管理

根据《对外贸易法》，《中华人民共和国技术进出口管理条例》（以下简称《技术进出口管理条例》）以及《禁止进口限制进口技术管理办法》的有关规定，国务院商务主管部门会同国务院有关部门，制定、调整并公布禁止进口的技术目录。属于禁止进口技术的，不得进口。

目前《中国禁止进口限制进口技术目录》所列明的禁止进口的技术涉及钢铁冶金技术、有色金属冶金、化工、石油炼制、石油化工、消防、电工、轻工、印刷、医药、建筑材料生产等技术领域。

（二）禁止出口管理

对列入国家公布的禁止出口目录以及其他法律、法规明令禁止或停止出口的货物、技术，任何对外贸易经营者不得经营出口。

1. 禁止出口货物管理

我国政府明令禁止出口的货物主要包括以下内容。

（1）列入《禁止出口货物目录》的商品

目前我国公布的《禁止出口货物目录》共五批：

1）《禁止出口货物目录》（第一批），是为了保护我国的自然生态环境和生态资源而发布的。例如，国家禁止出口四氯化碳、犀牛角、虎骨、麝香、发菜和麻黄草等。

2）《禁止出口货物目录》（第二批），主要是为了保护我国的森林资源，防止乱砍滥伐而发布的，如禁止出口木炭。

3）《禁止出口货物目录》（第三批），是为了保护人的健康，维护环境安全，淘汰落后产品，履行我国所缔约的相关国际公约而发布的，如国家禁止出口长纤维青石棉、二噁英等。

4）《禁止出口货物目录》（第四批），主要包括硅砂、石英砂及其天然砂。

5）《禁止出口货物目录》（第五批），包括无论是否经过化学处理过的森林凋落物以及泥炭（草炭）。

（2）国家有关法律法规明令禁止出口的商品

例如，依据《中华人民共和国野生植物保护条例》，禁止出口未定名的或者新发现并有重要价值的野生植物，禁止出口原料血浆、劳改产品等。

2. 禁止出口技术管理

根据《对外贸易法》、《技术进出口管理条例》以及《禁止出口限制出口技术管理办法》的有关规定，国务院商务主管部门会同国务院有关部门，制定、调整并公布禁止出口的技术目录。属于禁止出口技术的，不得出口。

目前列入《中国禁止出口限制出口技术目录》禁止出口部分的技术包括采矿工程技术、肉类加工技术、畜牧品种的繁育技术、饮料生产技术等。

二、限制进出口管理

国务院商务主管部门会同国务院有关部门，依照我国《对外贸易法》的规定制定、调整并公布限制进出口货物、技术目录。海关依法对限制进出口目录货物、技术实施监督管理。

（一）限制进口管理

国家实行限制进口管理的货物、技术，必须依照国家有关规定，经国务院商务主管部门或者经国务院商务主管部门会同国务院有关部门许可，方可进口。

1. 限制进口货物管理

目前，我国限制进口货物管理按照其限制方式可划分为许可证件管理和关税配额管理。

（1）许可证件管理

许可证件管理是指在一定时期内根据国内政治、工业、农业、商业、军事、技术、卫生、环境保护、资源保护等领域的需要，以及为履行我国所加入或缔结的有关国际条约的规定，以经国家各主管部门签发许可证件的方式来实现各类限制进口的措施。许可证件管理主要包括进口许可证、两用物项和技术进口许可证、濒危物种进口、限制类可利用固体废物进口、药品进口、音像制品进口、黄金及其制品进口等管理。

（2）关税配额管理

关税配额管理是指一定时期内（一般是 1 年），国家对部分商品的进口制定关税配额率并规定该商品进口数量总额，在限额内，经国家批准后允许按照关税配额率征税进口，如超过限额则按照配额外税率征税进口的措施。国家通过这种行政管理手段对一些重要商品，以关税这个成本杠杆来实现限制进口的目的，因此，关税配额管理是一种相对数量的限制。

2. 限制进口技术管理

根据《对外贸易法》、《技术进出口管理条例》以及《禁止进口限制进口技术管理办法》的有关规定，由国务院商务主管部门会同国务院有关部门，制定、调整并公布限制进口的技术目录。属于目录范围内的限制进口的技术，实行许可证管理；未经国家许可，不得进口。

（二）限制出口管理

1. 限制出口货物管理

《中华人民共和国货物进出口管理条例》规定：国家规定有数量限制的限制出口货物，实行配额管理；其他限制出口货物，实行许可证管理。实行配额管理的限制出口货物，由国务院商务主管部门和国务院有关经济管理部门按照国务院规定的职责划分进行管理。

目前，我国货物限制出口按照其限制方式划分为出口配额限制和出口非配额限制。

（1）出口配额限制

出口配额限制是指国家对部分商品的出口数量直接加以限制的措施。我国出口配额限制分为出口配额许可证管理和出口配额招标管理两种管理形式。

1）出口配额许可证管理。出口配额许可证管理是国家对部分商品的出口，在一定时期内（一般是 1 年）规定数量总额，经国家批准获得配额的允许出口，否则不准出口的配额管理措施。出口配额许可证管理属直接分配方式，是国家通过行政管理手段对一些重要商品以规定绝对数量的方式来实现限制出口的目的。

国家各配额主管部门对经申请有资格获得配额的申请者发放各类配额证明。申请者取得配额证明后，凭配额证明到国务院商务主管部门及其授权发证机关申领出口许　可证。

2）出口配额招标管理。出口配额招标管理是国家对部分商品的出口，在一定时期内（一般为 1 年）规定数量总额，采取招标分配的原则，经招标获得配额的允许出口，否则不准出口的配额管理措施。

国家各配额主管部门对中标者发放各类配额证明。中标者取得配额证明后，到国务院商务主管部门及其授权发证机关，凭配额证明申领出口许可证，再凭出口许可证办理通关、外汇核销等出口手续。

（2）出口非配额限制

出口非配额限制是指在一定时期内根据国内政治、军事、技术、卫生、环保、资源保护等领域的需要，以及为履行我国所加入或缔结的有关国际条约的规定，以经国家各主管部门签发许可证件的方式来实现的各类限制出口措施。

目前我国非配额限制管理主要包括出口许可证、濒危物种出口、两用物项出口、黄金及其制品出口等许可管理。

2. 限制出口技术管理

根据《对外贸易法》，《技术进出口管理条例》和与出口核技术、核两用品相关技术、监控化学品生产技术、军事技术等出口管制技术相关的行政法规的规定，限制出口技术实行目录管理，由国务院商务主管部门会同国务院有关部门，制定、调整并公布限制出口的技术目录。属于目录范围内的限制出口的技术，实行许可证管理；未经国家许可，不得出口。

三、自由进出口管理

除国家禁止、限制进出口货物、技术外的其他货物、技术均属于自由进出口范围。

自由进出口货物、技术的进出口不受限制，但基于监测进出口情况的需要，国际对部分属于自由进出口的货物实行自动进口许可管理，对自由进出口的技术实行技术进出口合同登记管理。

（一）货物自动进口许可管理

自动进口许可管理是在任何情况下对进口申请一律予以批准的进口许可制度。这种进口许可实际上是一种在自由进口货物进口前对其进行自动登记的许可制度。进口经营者应当在办理海关报关手续前，向国务院商务主管部门或者国务院有关经济管理部门提交自动进口许可申请，凭相关部门发放的自动进出口许可证，向海关办理报关手续。

（二）技术进出口合同登记管理

进出口属于自由进出口的技术，应当向国务院商务主管部门或者其委托的机构办理合同备案登记，国务院商务主管部门对技术进出口合同进行登记，颁发技术进出口合同登记证，申请人凭该登记证，办理外汇、银行、税务、海关等相关手续。

第三节　其他贸易管制制度

一、对外贸易经营者管理制度

对外贸易经营者，是指依法办理工商登记或者其他执业手续，依照《对外贸易法》和其他有关法律、行政法规、部门规章的规定从事对外贸易活动的法人、其他组织或者个人。

目前，我国对对外贸易经营者的管理实行备案登记制，即法人、其他组织或者个人在从事对外贸易经营前，必须按照国家的有关规定，依法定程序在国务院商务主管部门备案登记，取得对外贸易经营资格后，方可在国家允许的范围内从事对外贸易经营活动。对外贸易经营者未按规定办理备案登记的，海关不予办理进出口的报关验放手续，但法律、法规和国务院商务主管部门规定不需要备案登记的除外。

对外贸易经营者可以接受他人的委托，在经营范围内代为办理对外贸易业务。国务院主管部门可以对部分进出口商品实施国营贸易管理。

国营贸易是指由特定企业或其他组织代表国家所从事的部分重要商品的进出口贸易活动。实行国营贸易管理的货物的进出口业务只能由经授权的企业经营，但国家允许部分数量的国营贸易管理货物的进出口业务由非授权企业经营的除外。国务院商务主管部门会同国务院其他有关部门确定、调整并公布国营贸易管理的货物和经授权企业的目录。对未经批准擅自进出口实行国营贸易管理的货物的，海关不予放行。

目前我国实行国营贸易管理的商品主要包括：玉米、大米、煤炭、原油、成品油、棉花、锑及锑制品、钨及钨制品、白银等。

二、出入境检验检疫制度

出入境检验检疫制度是指由国家出入境检验检疫部门依照我国有关法律和行政法规以及我国政府缔结或参加的国际条约、协定，对出入我国国境的货物、物品及其包装物、交通运输工具、运输设备和进出境人员实施检验检疫监管的法律依据和行政手段的总和。其主管部门是国家质量监督检验检疫总局。

我国出入境检验检疫制度包括：进出口商品检验制度、进出境动植物检疫制度和国境卫生监督制度。进出口商品检验、进出境植物检疫和国境卫生检疫的区别见表2.2。

表 2.2　进出口商品检验、进出境动植物检疫和国境卫生检疫的区别

类别	法律依据	检查范围和重点	检验机构	检查要求
进出口商品检验	《中华人民共和国进出口商品检验法》及其实施条例	商品的质量、规格、数量、重量、包装以及是否符合安全、卫生要求	出入境检验检疫机构中的商检部门	①法定检验；②由当事人自行决定（非法定检验）
进出境动植物检疫	《中华人民共和国进出境动植物检疫法》及其实施条例	进出境动植物可能具有或已经具有的传染病、寄生虫和可能携带的有害生物	出入境检验检疫机构中的动植物检疫部门	法定检验
国境卫生检疫	《中华人民共和国国境卫生检疫法》及其实施细则	出入境的交通工具、货物、运输容器以及口岸辖区的公共场所、环境、生活设施、生产设备的卫生检查、鉴定、评价和采样检验	出入境检验检疫机构中的卫生检疫部门	法定检验

三、进出口货物收、付汇管理制度

对外贸易经营者在对外贸易经营活动中，应当依照国家的外汇管理制度结汇、用汇。进出口货物收付汇管理是我国外汇管理的主要手段，其主管部门是国家外汇管理局。

（一）出口收汇管理

我国对出口收汇管理采取的是外汇核销形式。为完善企业货物贸易出口收结汇管理，加强出口交易与收结汇的真实性及一致性的核查，国家外汇管理局通过出口收结汇联网核查系统对出口企业实行出口电子数据联网核查。具体做法是：核查系统依据海关提供的企业出口货物报关单有关数据和外汇局提供的企业出口预收货款数额，结合企业贸易类别及行业特点等，产生企业与出口对应的可收汇额；企业出口收汇，应当先进入银行直接以该企业名义开立的出口收汇待核查账户，对需要结汇或者划出的外汇应当如实填写"出口收汇说明"，连同中国电子口岸操作员 IC 卡，一并提交银行办理；银行应当凭企业及自身操作员 IC 卡登录核查系统，对企业出口收汇进行联网核查后在企业相应出口可收汇额内办理结汇或划出资金手续，同时在核查系统中核减其对应出口可收汇额。

（二）进口付汇管理

我国对进口付汇管理采取的也是外汇核销形式。其具体做法是：进口企业在进口付汇前需向付汇银行申请国家外汇管理局统一制发的《贸易进口付汇核销单》凭以办理付汇。货物进口后，进口单位（或其代理人）凭盖有海关出具的"报关单进口付汇证明联"及其相关电子数据向外汇管理局指定银行办理核销付汇。

四、对外贸易救济措施

对外贸易救济措施是指当从外国进口对一国国内产业造成负面影响时，该国政府所采取的减轻乃至消除该类负面影响时所采取的措施。

世界贸易组织允许成员方在进口产品倾销、补贴和过激增长等给其国内产业造成损害的情况下，可以使用反倾销、反补贴和保障措施等来保护国内产业不受损害。反倾销、反补贴和保障措施都是为世界各国所采用的贸易救济措施，主要目的是为了制约外国进口商品的恶

意倾销，削弱那些因为受到其政府财政支持或经济资助而极具竞争力的外国进口商品，或者避免出现外国商品大量进口致使本国产品营销受阻。

读一读

贸易救济措施的种类

贸易救济措施主要包括反倾销、反补贴和保障措施。(三者之间的比较见表2.3) 其中，反补贴和反倾销措施针对的是价格歧视这种不公平贸易行为，保障措施针对的则是进口产品激增的情况。

1. 反倾销措施

反倾销措施是指进口国家政府针对进口低价倾销行为而采取的一种保护性补救措施。其包括临时性反倾销措施和最终反倾销措施。

2. 反补贴措施

反补贴措施是指进口国家政府针对得到出口国政府财政补贴或财政支持而具有较强竞争性的出口国的出口商品所采取的一种保护性补救措施。其包括临时反补贴措施和最终反补贴措施。

3. 保障措施

保障措施是指进口国家在进口激增并对本国相关产业造成严重损害或严重威胁时所采取的进口限制措施。其包括临时性保障措施和最终保障措施。

表2.3 反倾销、反补贴和保障措施的比较

类别	适用对象	具体条件	具体实施形式	实施期限
反倾销	主要针对不公平贸易或不公平竞争	低价倾销造成实质性损害	1. 临时反倾销措施 (1) 征收临时反倾销税 (2) 要求提供保证金、保函或其他形式的担保 2. 最终反倾销措施	临时反倾销措施不超过4个月，可延长至9个月
反补贴	主要针对不公平贸易或不公平竞争	政府经济性补贴导致进口国家的同类产品及其生产行业受到损害	1. 临时反补贴措施 2. 最终反补贴措施	临时反补贴措施不超过4个月
保障措施	公平条件下数量猛增的进口产品	进口产品的数量激增极大地挤占了进口国家国内同类产品的市场份额，并且对于进口国家的相关生产行业造成不利影响	1. 临时保障措施：提高关税 2. 最终保障措施： (1) 提高关税 (2) 数量限制 (3) 关税配额	临时保障措施200天，全部实施期限一般不超过4年，最长不得超过10年

第四节 我国贸易管制主要管理措施及报关规范

对外贸易管制作为一项综合制度，所涉及的管理规定繁多。本节介绍我国贸易管制主要管理措施和报关规范。

一、进出口许可证管理

进出口许可证管理是指由商务部或者会同国务院其他有关部门，依法制定并调整进出口许可证管理目录，以签发进出口许可证的形式对该目录商品实行的行政许可管理。

商务部是全国进出口许可证的归口管理部门，负责制定进出口许可证管理办法及规章制度，监督、检查进出口许可证管理办法的执行情况，处罚违规行为。其会同海关总署制定、调整和发布年度进口许可证管理货物目录及出口许可证管理货物目录。

商务部统一管理、指导全国各发证机构的进出口许可证签发工作，商务部配额许可证事务局、商务部驻各地特派员办事处和各省、自治区、直辖市、计划单列市以及商务部授权的其他省会城市商务厅（局）、外经贸委（厅、局）为进出口许可证的发证机构，负责在授权范围内签发"中华人民共和国进口许可证"或"中华人民共和国出口许可证"。

进出口许可证是国家管理货物进出口的凭证，不得买卖、转让、涂改、伪造和变造。凡属于进出口许可证管理的货物，除国家规定外，对外贸易经营者应当在进口或出口前按规定向指定的发证机构申领进出口许可证，海关凭进出口许可证接受申报和验放。

（一）管理范围

2010 年实施进口许可证管理的货物有：重点旧机电产品（共 11 大类 88 个 10 位商品编码）和消耗臭氧层物质（共 47 个 10 位商品编码）。

2010 年实行出口许可证管理的商品有 49 类，共 619 个 10 位商品编码，分别实行出口配额许可证、出口配额招标和出口许可证管理。

网络链接

《2011 年出口许可证管理货物目录》可链接
http://www.mofcom.gov.cn/aarticle/b/c/201012/20101207341654.html

（二）报关规范

报关规范有以下内容：

1）进口许可证的有效期为 1 年，当年有效。特殊情况需要跨年度使用时，有效期不得超过次年 3 月 31 日，逾期自行失效。

2）出口许可证的有效期最长不得超过 6 个月。且有效期的截止日期不得超过当年 12 月 31 日。出口许可证应当在有效期内使用，逾期自行失效。

3）进出口许可证一经签发，不得擅自更改证面内容。如需更改，经营者应当在许可证有效期内提出更改申请，并将许可证交回原发证机构，由原发证机构重新换发许可证。

4）进口许可证或出口许可证原则上实行"一批一证"（指许可证只能在一个海关报关）和"一证一关"（指许可证在有效期内一次报关使用）制度。对于不实行"一批一证"的商品，发证机关应在进口许可证或出口许可证备注栏中注明"非一批一证"字样，并可允许在有效期内使用 12 次，由海关在许可证背面"海关验放签注栏"内逐批签注核减进口数量。

5）国家对部分出口货物实行指定出口报关口岸管理。例如，甘草指定天津海关、上海海关、大连海关为出口报关口岸；甘草制品指定天津海关、上海海关为出口报关口岸。

二、自动进口许可证管理

商务部根据监测货物进口情况的需要，对部分自由进口货物实行自动许可管理。商务部授权配额许可证事务局，商务部驻各地特派员办事处，各省、自治区、直辖市、计划单列市商务主管部门以及地方机电产品进出口机构负责货物自动进口许可管理和自动进口许可证的签发工作。目前涉及的管理目录是商务部公布的《自动进口许可管理货物目录》，对应的许可证件为"中华人民共和国自动进口许可证"。

（一）适用范围

自动进口许可证管理适用于进口列入当年公布的《自动许可管理货物目录》中的商品。2010 年实施自动进口许可管理的商品包括一般商品、机电产品（包括旧机电产品）和重要工业品，分为三个目录管理。

> **网络链接**
>
> 《2011 年自动进口许可管理货物目录》可链接
> http://www.mofcom.gov.cn/aarticle/b/c/201012/20101207341592.html

（二）报关规范

报关规范有以下内容：

1）自动进口许可证有效期为 6 个月，但仅限公历年度内有效。

2）自动进口许可证项下货物原则上实行"一批一证"管理，对部分货物也可实行"非一批一证"管理。对实行"非一批一证"管理的，在有效期内可以分批次累计报关使用，但累计使用不得超过 6 次；报关时，海关在自动进口许可证原件"海关验放签注栏"内批注后留存复印件，最后一次使用后，海关留存正本。同一进口合同项下，收货人可以申请并领取多份自动进口许可证。

三、进口关税配额管理

2010 年我国实施进口关税配额管理的农产品包括小麦、稻谷和大米、玉米、棉花、食糖、羊毛及毛条，工业品包括尿素、磷酸氢二铵、复合肥等 3 种农用肥料。

（一）实施关税配额管理的农产品

农产品进口关税配额管理有以下内容：

1）农产品进口关税配额为全球关税配额，其主管部门为商务部及国家发展和改革委员会（以下简称国家发改委），所有贸易方式进口上述农产品均列入关税配额管理范围。海关凭商务部、国家发改委各自授权的机构向最终用户发放的，并加盖"商务部农产品进口关税配额专用章"或"国家发展和改革委员会农产品进口关税配额专用章"的"农产品进口关税配额证"办理验放手续。

2）"农产品进口关税配额证"实行"一证多批"制，有效期为每年 1 月 1 日至当年 12 月 31 日。

3）农产品进口关税配额的申请期为上一年的 10 月 15 日至 30 日。

4）农产品进口关税配额的分配是根据申请者的申请数量和以往进口实绩、生产能力、其他相关商业标准或根据先来先领的方式进行分配。

（二）实施关税配额管理的工业品

化肥进口关税配额管理有以下内容：

1）化肥进口关税配额为全球关税配额，商务部负责全国化肥关税配额管理工作。商务部的化肥进口关税配额管理机构负责管辖范围内化肥进口关税配额的发证、统计、咨询和其他授权工作。海关凭进口单位提交的"化肥进口关税配额证明"，按配额内税率征税，并验放货物。

2）商务部负责在化肥进口关税配额总量内，根据国民经济综合平衡及资源合理配置的要求，对化肥进口关税配额进行分配。申请单位的申请日期为上一年的 10 月 15 日至 30 日，商务部于上一年的 12 月 31 日前将化肥关税配额分配给符合条件的用户。

四、野生动植物种进出口管理

（一）野生动植物种进出口管理的含义

野生动植物种进出口管理是指国家濒危物种进出口管理办公室会同国家其他部门，依法制定和调整《进出口野生动植物种商品目录》并以签发"濒危野生动植物种国际贸易公约允许进出口证明书"（公约证明）、"中华人民共和国濒危物种进出口管理办公室野生动植物允许进出口证明书"（非公约证明）或进出口管理是中华人民共和国濒危物种并以签发"非《进出口野生动植物种商品目录》物种证明"（非物种证明）的形式对该目录列明的依法受保护的珍贵、濒危野生动植物及其产品实施的进出口限制管理。

凡进出口列入《进出口野生动植物种商品目录》的野生动植物或其产品，应当事先向国家濒危物种进出口管理办公室或其授权的办事处申领公约证明或非公约证明，并向海关办理进出口手续。

（二）适用范围和报关规范

1. 非公约证明

非公约证明适用于列入《进出口野生动植物种商品目录》中属于我国自主规定管理的野生动植物及其产品的进出口通关。非公约证明实行"一批一证"制度。

2. 公约证明

公约证明适用于列入《进出口野生动植物种商品目录》中属于《濒危野生动植物种国际贸易公约》成员国（地区）应履行保护义务的物种的进出口通关。公约证明实行"一批一证"制度。

3. 非物种证明

非物种证明适用于未列入《进出口野生动植物种商品目录》的动植物物种的进出口，以及列入《目录》的非《濒危野生动植物种国际贸易公约》附录植物物种的进口。非物种证明按时效分为"当年使用"和"一次性使用"。

五、密码产品和含有密码技术的设备进口许可证管理

密码技术属于国家秘密。为了加强商用密码管理，保护信息安全，保护公民和组织的合法权益，维护国家的安全利益，国家对密码产品和含有密码技术的设备实行限制进口管理。

国家密码管理局是密码产品和含有密码技术设备进口的国家主管部门，会同海关总署依法制定、调整并公布《密码产品和含有密码技术的设备进口管理目录》，以签发"密码产品和含有密码技术设备进口许可证"（以下简称密码进口许可证）的形式，对该类产品实施进口限制管理。

读一读

密码进口许可证

密码进口许可证是我国进出口许可管理制度中具有法律效力，用来证明对外贸易经营者经营列入我国密码产品和含有密码技术的设备管理范围的商品合法进口的证明文件，是海关验放货物的重要依据。

（一）管理范围

管理范围包括列入《密码产品和含有密码技术的设备进口管理目录》（第一批）以及虽暂未列入目录但含有密码技术的进口商品。

2010 年列入第一批管理目录的商品包括加密传真机、加密电话机、加密路由器、非光通讯加密以太网络交换机、密码机（包括电话密码机、传真密码机等）、密码卡等 6 类商品。

（二）报关规范

对外贸易经营者进口列入《密码产品和含有密码技术的设备进口管理目录》（第一批）以及含有密码技术但暂未列入管理目录的商品，在组织进口前应事先向国家密码管理局申领密码进口许可证，凭以向海关办理通关手续。

六、出入境检验检疫管理

国家质检总局根据对外贸易需要，公布并调整《出入境检验检疫机构实施检验检疫的进出境商品目录》。对列入该目录以及其他法律法规规定需要检验检疫的货物进出口时，货物所有人或其代理人在办理进出口通关手续前，必须向口岸检验检疫机关报检。海关凭口岸出入境检验检疫机构签发的"中华人民共和国检验检疫入境货物通关单"或"中华人民共和国检验检疫出境货物通关单"验放。

（一）入境货物通关单的适用范围及报关规范

入境货物通关单适用于下列情况：

1）列入《法检目录》属于入境管理的商品。

2）外商投资财产价值鉴定（受国家委托，为防止外商瞒骗对华投资额而对其以实物投资形式进口的投资设备的价值进行的鉴定）。

3）进口可再利用的废物原料。

4）进口旧机电产品。

5）进口货物发生短少、残损或其他质量问题需对外索赔时，其赔付的进境货物。

6）进口捐赠的医疗器械。

7）其他未列入《法检目录》，但国家有关法律、行政法规明确由出入境检验检疫机构负责检验检疫的货物。

入境货物通关单实行"一批一证"制度，证面内容不得更改。

（二）出境货物通关单的适用范围及报关规范

出境货物通关单适用于下列情况：

1）列入《法检目录》属于出境管理的商品。

2）出口纺织品标志。

3）对外经济技术援助物资及人道主义紧急救灾捐助物资。

4）其他未列入《法检目录》，但国家有关法律、行政法规明确由出入境检验检疫机构负责检验检疫的货物。

出境货物通关单实行"一批一证"制度，证面内容不得更改。

七、进出口药品管理

我国对进出口药品管理实行分类和目录管理。国家食品药品监督管理局会同国务院商务主管部门依法制定并调整管理目录，以签发许可证件的形式对药品进出口加以管制。

（一）适用范围

进出口药品从管理角度分为进出口麻醉药品、进出口精神药品，进出口兴奋剂和一般药品。

（二）报关规范

报关规范有以下内容：

1）药品须经指定口岸进口。

2）无论以何种贸易方式进口列入目录的药品，均应向海关提交麻醉药品进出口准许证（麻醉药品）、精神药品进出口准许证（精神药品）或进口药品通关单（一般药品），以及兴奋剂进出口准许证，其中兴奋剂进出口准许证的有效期为一年。

3）进口药品通关单仅限在该单注明的口岸海关使用，实行"一批一证"制度，证面内容不得自行更改。

允许进口药品的口岸城市

目前，允许进口药品的口岸城市共有 19 个：北京、天津、上海、大连、青岛、成都、武汉、重庆、厦门、南京、杭州、宁波、福州、广州、深圳、珠海、海口、西安、南宁。

八、固体废物进口管理

（一）适用范围

国家禁止进口不能用作原料的固体废物，对进口可以用做原料的固体废物实行限制管理。国家环境保护部是进口废物的国家主管部门，会同国务院商务主管部门制定、调整并公布《限制进口类可用作原料的废物目录》及《自动进口许可管理类可用作原料的废物目录》，对未列入上述两目录的固体废物禁止进口。

固 体 废 物

固体废物是指《中华人民共和国固体废物污染环境防治法》管理范围内的废物，即在生产建设、日常生活和其他活动中产生的污染环境的废弃物质，包括工业固体废物、城市生活垃圾、危险废物以及液态废物和置于容器中的气态废物。

（二）报关规范

报关规范有以下内容：

1）进口列入《限制进口类可用作原料的废物目录》和《自动进口许可管理类可用作原料的废物目录》的废物，报关单位应相应向海关提交"中华人民共和国限制进口类可用作原料的固体废物进口许可证"和"中华人民共和国自动许可进口类可用作原料的固体废物进口许可证"及口岸检验检疫机构出具的入境货物通关单及其他有关单据。

2）对未列入《限制进口类可用作原料的废物目录》及《自动进口许可管理类可用作原料的废物目录》或虽列入上述目录但未取得有效废物进口许可证的废物一律不得进口或存入保税仓库。

3）废物进口许可证实行"非一批一证"管理。

4）进口的废物不能转关（废纸除外），只能在口岸海关办理申报进境手续。

九、其他进出口管理

其他货物包括美术品、黄金及其制品、音像制品、有毒化学品、农药和兽药等，其进出口管理均实行许可制度，进出口前应向其各自主管部门申领许可证件，符合规定的主管部门予以发放，海关凭许可证件验放。

综 合 实 训

一、对外贸易经营者备案登记实训

【业务背景】

汕头市飞腾玩具有限责任公司是一家成立不久的有限责任公司，从事玩具的生产和国内销售，打算开拓国际市场，所以该公司必须向商务主管部门办理对外贸易经营者备案登记手续。公司的营业执照样式如下：

企业法人营业执照

（副本）

注册号：3310032004489（1/1）

名称：汕头市飞腾玩具有限责任公司

住所：汕头市澄海区中山路 20 号

法定代表人姓名：张力

注册资本：壹佰万元

实收资本：捌拾万元

公司类型：有限责任

经营范围：玩具的生产和销售

成立日期：二○○八年二月二十日

营业期限：二○○八年二月二十日至二○五八年二月二十日

【实训要求】请根据上述业务背景，以该公司业务员的身份办理以下相关手续。

（1）填制《对外贸易经营者备案登记表》。

【填表】

对外贸易经营者备案登记表

备案登记表编号：（新备案企业不用填写）　　进出口企业代码：（新备案企业不用填写）

经营者中文名称			
经营者英文名称			
组织机构代码		经营者类型	
住　　所			
经营场所（中文）			
经营场所（英文）			
联系电话		传真	
邮政编码		电子邮箱	
工商登记注册日期		工商登记注册号	

依法办理工商登记的企业还须填写以下内容

企业法定代表人姓名		有效证件号	
注册资金			

（2）如何向商务部门办理对外贸易经营者备案登记手续？

【业务处理】＿＿＿＿＿＿＿＿＿＿＿＿＿＿＿＿＿＿＿＿＿＿

＿＿＿＿＿＿＿＿＿＿＿＿＿＿＿＿＿＿＿＿＿＿＿＿＿＿＿＿＿＿

＿＿＿＿＿＿＿＿＿＿＿＿＿＿＿＿＿＿＿＿＿＿＿＿＿＿＿＿＿＿

＿＿＿＿＿＿＿＿＿＿＿＿＿＿＿＿＿＿＿＿＿＿＿＿＿＿＿＿＿＿

＿＿＿＿＿＿＿＿＿＿＿＿＿＿＿＿＿＿＿＿＿＿＿＿＿＿＿＿＿＿

（3）办理对外贸易经营者备案登记手续有什么法律意义？

【业务处理】＿＿＿＿＿＿＿＿＿＿＿＿＿＿＿＿＿＿＿＿＿＿

＿＿＿＿＿＿＿＿＿＿＿＿＿＿＿＿＿＿＿＿＿＿＿＿＿＿＿＿＿＿

＿＿＿＿＿＿＿＿＿＿＿＿＿＿＿＿＿＿＿＿＿＿＿＿＿＿＿＿＿＿

二、基本运作实训

【业务背景】

深圳某进口公司欲以 CIF 价格条件从加拿大进口 30 公吨钢材，用以加工不锈钢制品销往国内市场。货物在盐田港国际集装箱码头申报入境。

【实训要求】请根据上述业务背景，回答下列问题。

（1）该进口公司在进口报关前须向深圳市贸易工业局申请签发什么证件？申请时须提交哪些资料？

【业务处理】_____

_____

_____

（2）许可申请内容正确且形式完备的，发证机构须在多长时间内签发证件？

【业务处理】_____

_____

（3）该证件的有效期为多长？

【业务处理】_____

（4）该证件若实行"非一批一证"，最多可使用多少次？

【业务处理】_____

（5）假设国务院关税税则委员会决定对该进口货物征收临时反倾销税，则征收的最长期限为多少？

【业务处理】_____

（6）该公司凭哪些文件向外汇局办理进口付汇核销手续？

【业务处理】_____

_____

（7）若该公司向海关申报时不能提交该许可证，海关应作何处理？

【业务处理】_____

_____

第 三 章

一般进出口货物报关程序

本章主要内容

　　报关程序是指进出境运输工具负责人、进出口货物收发货人和进出境物品所有人或其代理人按照《海关法》的规定，办理运输工具、货物、物品进出境及相关海关事务的手续和步骤。

　　本章主要介绍一般进出口货物的报关程序。

学习要求

1. 熟悉报关程序的概念、报关各阶段的基本内容、报关方式及其应用。
2. 熟悉一般进出口货物的含义、范围和特征。
3. 掌握一般进出口货物报关的基本程序及其海关监管的基本要求。
4. 掌握转关运输的基本方式。

技能目标

　　能较熟练地办理一般进出口货物通关手续。

第一节　报关程序概述

一、海关监管货物

海关监管货物是指自进境起到办理海关手续止的进口货物，自向海关申报起到出境止的出口货物，以及自进境起到出境止的过境、转运和通运货物等应当接受海关监管的货物。根据货物进出境的目的不同，海关监管货物可以分为六大类。

1. 一般进出口货物

一般进出口货物是指办结海关手续进入国内生产、消费领域流通的进口货物或到境外生产、消费领域流通的出口货物。

2. 保税货物

保税货物是指经海关批准未办结纳税手续进境，在境内储存、加工、装配后复运出境的货物，分为保税加工货物和保税物流货物两大类。

3. 特定减免税货物

特定减免税货物是指经海关依法准予免税进口的用于特定地区、特定企业，有特定用途的货物。

4. 暂准进出境货物

暂准进出境货物是指经海关批准凭担保进境或出境，在境内或境外使用后原状复运出境或进境的货物。

5. 过境、转运、通运货物

过境、转运、通运货物是指由境外起运，通过中国境内继续运往境外的货物。

6. 其他进出境货物

其他进出境货物，是指上述货物以外尚未办结海关手续的进出境货物。

海关按照对各种监管货物的不同要求，分别建立了相应的海关监管制度。

二、报关程序

报关程序是指进出口货物收发货人、运输工具负责人、物品所有人或其代理人按照海关规定，办理货物、物品、运输工具及其相关海关事务的手续和步骤。本章主要涉及一般进出境货物的报关程序。

我国海关规定，进出境货物经过海关接受申报并审单、查验、征税、放行四个海关作业环节即完成通关。与之相适应，进出口货物收发货人或其代理人应当按程序办理相应的进出口申报、配合查验、缴纳税费、提取或装运货物等手续，货物才能进出口。但这些程序还不能满足海关对所有进出口货物的实际监管要求。如加工贸易进口料件，海关要求事先备案，不能在"申报"和"审单"这一环节完成上述工作，必须有一个前期办理手续的阶段。又如加工贸易成品出口，在"放行"和"装运货物"离境的环节也不能完成所有的海关手续，必须有一个后期办理核销结案的阶段。因此，从海关对进出口货物进行监管的全过程来看，报关程序按时间先后可以分为三个阶段：前期管理阶段、进出境管理阶段和后期管理阶段。不同类别的进出境货物相对应的报关程序见表 3.1。

表 3.1 不同类别的进出境货物相对应的报关程序

报关程序 货物类别	前期管理阶段	进出境管理阶段	后期管理阶段
一般进出口货物	—	申 报 配合查验 缴纳税费 提取或装运货物	
保税货物	办理备案、申领登记手册		办理核销手续
特定减免税货物	办理备案、申领免税证明		办理解除海关监管手续
暂准进出境货物	办理展览品备案		办理销案手续
其他进出境货物	办理出料加工货物、加工贸易不作价设备备案		办理销案手续

（一）前期管理阶段

前期阶段是指进出口货物收发货人或其代理人根据海关对进出境货物的监管要求，在货物进出境前，向海关办理备案手续的过程。其主要包括：

1）保税加工货物进口，办理加工贸易备案和申领加工贸易电子的或纸质的登记手册的手续。

2）特定减免税货物进口，办理企业的减免税申请和申领减免税证明的手续。

3）暂准进出境展览品实际进境，办理展览品进境备案申请的手续。

4）出料加工货物实际出境，办理出料加工的备案手续。

5）加工贸易不作价设备进口前，办理该不作价设备的备案手续。

（二）进出境管理阶段

进出境阶段是指进出口货物收发货人或其代理人根据海关对进出境货物的监管要求，在货物进出境时，向海关办理进出口申报、配合查验、缴纳税费、提取或装运货物手续的过程。

（三）后期管理阶段

后期阶段是指进出口货物收发货人或其代理人根据海关对进出境货物的监管要求，在货物进出境储存、加工、装配、使用、维修后，在规定的期限内，按照规定的要求，向海关办理上述进出口货物核销、销案、申请解除监管等手续的过程。其主要包括：

1）保税货物在海关规定期限内办理核销手续。

2）特定减免税货物在海关监管期满后，或者在海关监管期内经海关批准出售、转让、退运、放弃并办妥有关手续后，向海关申请办理解除海关监管的手续。

3）暂准进出境货物在规定期限内，或者在经海关批准延长暂准进出境期限内，办理复运出境或复运进境或正式进出口手续，然后申请办理销案手续。

4）加工贸易不作价设备、外包进口货物、出料加工货物、修理货物、部分租赁货物等在规定的期限内办理销案手续。

三、电子报关

电子报关是指进出口货物的收发货人或其代理人通过计算机系统，利用现代通信和网络技术，向主管海关传送规定格式的电子数据报关单，并根据海关计算机系统反馈的审核及处理结果向进出境地海关办理相应海关手续的方式。

电子报关的申报方式分为以下三种：

1）终端申报方式，即报关单位使用连接海关计算机系统的电脑终端录入报关单内容，直接向直属海关发送报关单电子数据。

2）EDI 申报方式，即经海关批准，报关人在微机中安装 EDI 申报系统，在该系统中录入报关单内容，由计算机转换成标准格式的数据报文向直属海关发送报关单电子数据。

3）网上申报方式，即经海关批准，报关人在计算机中安装"中国电子口岸"系统，登录"中国电子口岸"网站，在"联网申报"系统中录入报关单内容，通过"中国电子口岸"向直属海关发送报关单电子数据。

目前，在一般情况下，报关单位采用委托口岸预录入单位的计算机终端向海关进行电子申报的情况较多。

《海关法》规定："办理进出口货物的海关申报手续，应当采用纸质报关单形式和电子数据报关单的形式。"

在一般情况下，进出口货物收发货人或其代理人应当采用纸质报关单形式和电子数据报关单形式向海关申报，即进出口货物收发货人或其代理先向海关计算机系统发送电子数据报关单，接收到海关计算机系统发送的表示接受申报的信息后，凭以打印向海关提交的纸质报关单，并准备必需的随附单证。

特殊情况下，经海关同意，允许先采用纸质报关单形式申报，电子数据事后补报。在向未使用海关信息化管理系统作业的海关申报时，可以使用纸质报关单申报形式。在特定条件下，进出口货物收发货人或其代理人可以单独使用电子数据报关单向海关申报，保存纸质报关单证。

网络链接

中国电子口岸网站资料查询可链接

http://www.chinaport.gov.cn/

企业网上报关可链接

http://www1.chinaport.gov.cn/pub/

第二节 一般进出口货物的报关程序

一、一般进出口货物概述

一般进出口货物是指在货物进出境环节缴纳了应征的进出口税费，并办结了所有必要的海关手续，海关放行后不再进行监管，可以直接进入生产和流通领域的进出口货物。

（一）一般进出口货物的特征

一般进出口货物的特征如下：

1）进出境时缴纳进出口税费。

2）进出口时提交相关的许可证件。

3）海关放行，即办结海关手续。

（二）一般进出口货物的范围

除特定减免税货物外的实际进出口货物都属于一般进出口货物。其范围主要包括：

1）一般贸易进出口货物。

2）转为实际进口的保税货物、暂准进出境货物。

3）易货贸易、补偿贸易进出口货物。

4）不准予保税的寄售代销贸易货物。

5）承包工程项目实际进出口货物。

6）外国驻华商业机构进出口陈列用的样品。

7）外国旅游者小批量订货出口的商品。

8）随展览品进出境的小卖品。

9）免费提供的进口货物，主要包括：外商在经济贸易活动中赠送的进口货物；外商在经济贸易活动中免费提供的试车材料等；我国在境外的企业、机构向国内单位赠送的进口货物。

> **议一议**
>
> 一般进出口货物与一般贸易货物有何区别和联系？

二、一般进出口货物的报关程序

一般进出口货物报关程序由进出口申报、配合查验、缴纳税费、提取或装运货物四个环节构成。一般进出口货物的报关程序见图3.1。

```
┌─────────────────────────────┐
│      报关单位做报关前的准备       │
└─────────────────────────────┘
              │
              ▼
┌─────────────────────────────┐
│      整理核对单证、报检报验       │
└─────────────────────────────┘
              │
              ▼
┌─────────────────────────────┐
│        填制电子数据报关单        │◀──────────┐
└─────────────────────────────┘            │
              │            不接受申报的退回报关单位
              ▼                            │
┌─────────────────────────────┐            │
│      向直属海关发送电子数据报关单   │────────────┘
└─────────────────────────────┘
              │
              ▼
┌─────────────────────────────┐
│     直属海关审核电子数据报关单     │
└─────────────────────────────┘
              │
              ▼
┌─────────────────────────────┐
│     向进出口地海关递交纸质报关单证  │────────────┐
└─────────────────────────────┘            │
              │                            │
              ▼                            │
┌─────────────────────────────┐            │
│          配合海关查验          │       海关不查验的货物
└─────────────────────────────┘       直接进入征税程序
              │                            │
              ▼                            │
┌─────────────────────────────┐            │
│        海关征税后缴纳税款        │◀───────────┘
└─────────────────────────────┘
              │
              ▼
┌─────────────────────────────┐
│  海关放行货物后提取或装运货物并办理  │
│          其他海关事务          │
└─────────────────────────────┘
```

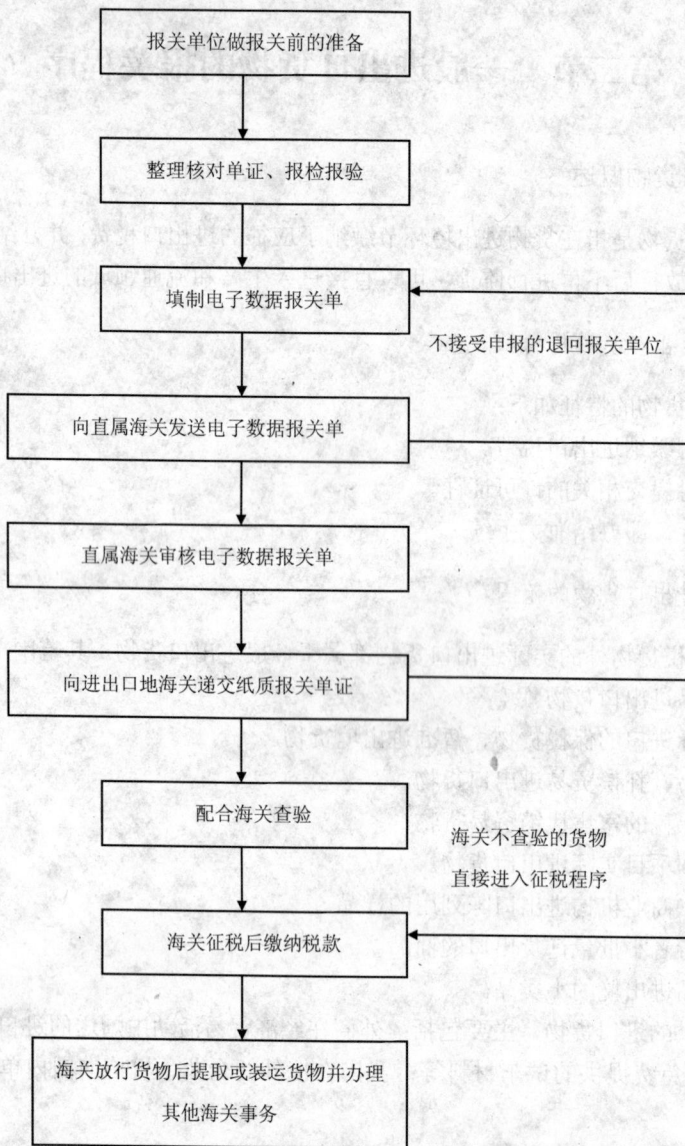

图 3.1　一般进出口货物的报关程序示意

（一）进出口申报

　　申报是指进出口货物收发货人、受委托的报关企业，依照《海关法》以及有关法律、行政法规的要求，在规定的期限、地点，采用电子数据报关单和纸质报关单形式，向海关报告实际进出口货物的情况，并接受海关审核的行为。

1. 申报地点

申报地点包括以下内容：

1）进口货物应当由收货人或其代理人在货物的进境地海关申报。

2）出口货物应当由发货人或其代理人在货物的出境地海关申报。

3）经收发货人申请，海关同意，进口货物的收货人或其代理人可以在设有海关的货物指运地、出口货物的发货人或其代理人可以在设有海关的货物起运地申报。

4）以保税货物、特定减免税货物和暂准进境货物申报进境的货物，因故改变使用目的而转为一般进口时，进口货物的收发货人或其代理人应当在货物所在地的主管海关申报。

2. 申报期限

申报期限包括以下内容：

1）进口货物的申报期限为自运载进口货物的运输工具申报进境之日起（从第二天起算）14 日内。申报期限的最后一天是法定节假日或休息日的，顺延至法定节假日或休息日后的第一个工作日。

2）出口货物的申报期限为货物运抵海关监管区后、装货前 24 小时。

3）经海关批准，允许集中申报的进口货物，自运输工具申报进境之日起 1 个月内办理申报手续。

4）经电缆、管道或其他特殊方式进出境的货物，应当按照海关的规定定期申报。

3. 申报日期

申报日期是指申报数据被海关接受的日期。不论以电子数据报关单方式申报或以纸质报关单方式申报，海关接受申报数据的日期即为接受申报的日期。

采用先电子数据报关单申报，后提交纸质报关单，或者仅以电子数据报关单方式申报的，申报日期为海关计算机系统接受申报数据时记录的日期。

电子数据报关单经过海关计算机检查被退回的，视为海关不接受申报，进出口货物收发货人或其代理人应当按照要求修改后重新申报，申报日期为海关接受重新申报的日期。海关已接受申报的电子数据报关单，送人工审核后，需要对部分内容进行修改的，进出口货物收发货人或其代理人应当按照海关规定进行修改并重新发送，申报日期仍为海关原接受申报的日期。

> **议一议**
>
> 明确"申报日期"为何日有何法律意义？

先纸质报关单申报，后补报电子数据，或仅提供纸质报关单申报的，海关关员在报关单上作登记处理的日期为海关接受申报的日期。

4. 滞报金

进口货物的收货人未按规定期限向海关申报的，由海关按规定征收滞报金。

货物滞报金按日计征，计征起始日为运输工具进境之日起第 15 日，截止日为海关接受申报之日，起始日和截止日均应计入滞报期间。

进口货物收货人在向海关传送报关单电子数据申报后，未在规定期限或核准期限内提交纸质报关单,海关予以撤销电子数据报关单处理、进口货物收货人重新向海关申报,产生滞报的,滞报金的征收,以自运输工具申报进境之日起第 15 日为起始日,以海关重新接受申报之日为截止日。

进口货物收货人申报并经海关依法审核,必须撤销原电子数据报关单重新申报,产生滞报的,经进口货人收货人申请并经海关审核同意,滞报金的征收,以撤销原电子数据报关单之日起第 15 日为起始日,以海关重新接受申报之日为截止日。

进口货物自装载货物的运输工具申报进境之日起超过 3 个月仍未向海关申报,被海关提取依法变卖处理后,收货人申请发还余款的,滞报金的征收,以自运输工具申报进境之日起第 15 日为起始日,以该 3 个月期限的最后一日为截止日。

滞报金的日征收金额为进口货物完税价格的 0.5‰,以人民币"元"为计征单位,不足人民币 1 元的部分免征。滞报金的起征点为人民币 50 元。

征收滞报金的计算公式为

$$滞报金金额＝进口货物完税价格×0.5‰×滞报天数$$

5. 申报步骤

(1)准备申报单证

申报单证分为报关单和随附单证两大类,其中随附单证包括基本单证、特殊单证。

报关单是由报关员按照海关规定格式填制的申报单,是指进出口货物报关单或者带有进出口货物报关单性质的单证,如特殊监管区域进出境备案清单、ATA 单证册、快件报关单等。

基本单证是指进出口货物的货运单据和商业单据,主要有进口提货单据、出口装货单据、商业发票、装箱单、仓单等。

特殊单证主要是指进出口许可证件、加工贸易登记手册(包括电子的和纸质的)、特定减免税证明、作为特殊货物进出境证明的原进出口货物报关单证、出口收汇核销单、原产地证明书、贸易合同(用于租赁贸易货物进口申报)等。

进出口货物收发货人或其代理人应向报关员提供基本单证、特殊单证,报关员审核这些单证后据此填制报关单。

准备申报单证的原则是:基本单证、特殊单证必须齐全、有效、合法;报关单填制必须真实、准确、完整;报关单与随附单证数据必须一致。

(2)申报前看货取样

进口货物的收货人,向海关申报前,因确定货物的品名、规格、型号、归类等原因,可以向海关提出查看货物或者提取货样的书面申请。海关审核同意的,派员到场监管。

(3)申报

1)电子数据申报。进出口货物收发货人或其代理人可以选择终端申报方式、委托 EDI 方式、自行 EDI 方式、网上申报方式等其中一种电子申报方式,将报关单内容录入海关电子计算机系统,生成电子数据报关单。

进出口货物收发货人或其代理人在委托录入或自行录入报关单数据的计算机系统上接

收到直属海关发送的"不接受申报"报文后，应当根据报文提示修改报关单内容后重新申报。一旦接收到直属海关发送的"接受申报"报文和"现场交单"或"放行交单"通知，即表示电子申报成功。

2）提交纸质报关单及随附单证。海关审结电子数据报关单后，进出口货物收发货人或其代理人应当自接到直属海关"现场交单"或"放行交单"通知之日起 10 日内，持打印的纸质报关单，备齐规定的随附单证并签名盖章，到货物所在地海关提交书面单证并办理相关海关手续。

想一想

如果 10 日内未提交纸质报关单，会有何后果？

3）申报内容的修改和撤销。海关接受申报后，申报内容不得修改，报关单证不得撤销；确有正当理由的，收发货人或其代理人向海关提交书面申请，经海关审核批准后，可以进行修改或撤销。但海关已经决定布控、查验的进出口货物，不得修改报关单内容或撤销报关单证。

网络链接

"电子审单"、"专业化审单"与"接单审核"的含义可链接
http://www.customs.gov.cn/publish/portal0/tab2556/module11435/page6.htm

（二）配合查验

1. 海关查验

海关查验是指海关依法确定进出境货物的性质、价格、数量、原产地、货物状况等是否与报关单上已申报的内容相符，对货物进行实际检查的行政执法行为。

海关查验时，进出口货物的收发货人或其代理人应当到场。

（1）查验地点

查验一般在海关监管区内进行。对进出口大宗散装货物、危险品、鲜活商品、落驳运输的货物，经货物收发货人或其代理人申请，海关也可同意在装卸现场进行查验。在特殊情况下，经货物收发货人或其代理人申请，海关可以派员到监管区外进行查验。

（2）查验时间

查验时间一般约定在海关正常工作时间内。对于一些进出口业务繁忙的口岸，海关也可能应进出口货物收发货人或其代理人的请求，在海关正常工作时间以外安排查验作业。

（3）查验方式

海关查验包括彻底查验、抽查。查验操作可以分为人工查验和设备查验，设备查验包括电子地磅和 X 光机。

（4）复验

海关认为必要时，可以依法对已经完成查验的货物进行复验，即第二次查验。海关复验

时，进出口货物的收、发货人或其代理人仍然应当到场。查验人员在查验记录上应当注明"复验"字样。

（5）径行开验

当海关发现进出口货物有违法嫌疑或者经海关通知查验，进出口货物收发货人或其代理人届时未到场的，海关可以在进出口货物收发货人或其代理人不在场的情况下，自行开拆货物进行查验。海关径行开验时，存放货物的海关监管场所经营人、运输工具负责人应当到场协助，并在查验记录上签名确认。

2. 配合查验

海关查验货物时，进出口货物收发货人或其代理人应当到场，配合海关查验。配合查验的工作如下：

1）负责搬移货物，开拆和重封货物的包装。

2）了解和熟悉所申报的货物的情况，回答查验关员的询问，提供海关查验货物时所需的单证或其他资料。

3）协助海关提取需要作进一步检验、化验或鉴定的货样，收取海关出具的取样清单。

4）查验结束后，认真阅读关员填写的"海关进出境货物查验记录单"。应注意以下情况的记录是否符合实际：开箱的具体情况；货物残损情况及造成残损的原因；提取货样的情况；查验结论。查验记录准确清楚的，应即签字确认。

3. 货物损坏赔偿

在查验过程中，或者证实海关在径行开验过程中，因为海关关员的责任造成被查验货物损坏的，进出口货物的收发货人或其代理人可以要求海关赔偿，赔偿范围为损坏货物的直接经济损失。若在现场未提出异议的，事后发现货物有损坏，海关不负赔偿责任。

（三）缴纳税费

海关接受申报，审核报关单，查验货物，然后核对计算机系统计算税费，开具税款书和收费票据。进出口货物收发货人或其代理人应在规定时间内，持缴款书或收费票据向指定银行办理税费交付手续；也可通过中国电子口岸，在网上向指定银行进行税费电子支付。一旦收到银行缴款成功的信息，即可报请海关办理货物放行手续。

（四）提取或装运货物

一般进出口货物放行意味着办结所有的海关手续，即货物结关，此时进口货物可以提取，而出口货物则可以装运。

1. 提取货物

进口货物的收货人或其代理人签收海关加盖"海关放行章"戳记的进口提货凭证，凭以到货物进境地的港区、机场、车站、邮局等地的海关监管仓库提取进口货物。

2. 装运货物

出口货物的发货人或其代理人签收海关加盖"海关放行章"戳记的出口装货凭证，凭以到货物出境地的港区、机场、车站、邮局等地的海关监管仓库办理将货物装运到运输工具上运离关境的手续。

在试行"无纸通关"申报方式的海关，海关做出放行决定时，通过计算机将"海关放行"报文发送给进出口货物的收、发货人或其代理人和海关监管货物保管人。进出口货物的收、发货人或其代理人从计算机上自行打印海关通知放行的凭证，凭以提取进口货物或将出口货物装运到运输工具上离境。

3. 申请签发报关单证明联

进出口货物收发货人或其代理人，办理完提取进口货物或装运出口货物的手续以后，如需要海关签发有关货物的进口、出口报关单证明联或办理其他证明手续的，均应向海关提出申请，常见的报关单证明联及其他证明单证包括进口付汇证明联、出口收汇证明联、出口退税证明联、出口收汇核销单和进口货物证明书。

网络链接

海关通关流程可链接
http://www.customs.gov.cn/default.aspx?tabid=2556

第三节 货物的转关申报

转关是指进出口货物在海关监管下，从一个海关运至另一个海关办理某项海关手续的行为。其包括：货物由进境地入境，向海关申请转关运往另一个设关地点进口报关，即进口转关运输；货物在起运地出口报关运往出境地，由出境地海关监管出境，即出口转关运输；海关监管货物从境内一个设关地点运往境内另一个设关地点报关，即境内转关。

一、转关条件

（一）申请转关运输的条件

申请转关运输的条件为：
1）转关的指运地和起运地必须设有海关。
2）转关的指运地和起运地应当设有经海关批准的监管场所。
3）转关承运人应当在海关注册登记，承运车辆符合海关监管要求，并承诺按海关对转关路线范围和途中运输时间所作的限定，将货物运往指定的场所。

（二）不得申请转关运输的货物

不得申请转关运输的货物有：

1）进口固体废物（废纸除外）。

2）进口易制毒化学品、监控化学品、消耗臭氧层物质。

3）进口汽车整车，包括成套散件和二类底盘。

4）国家检验检疫部门规定必须在口岸检验检疫的商品。

二、转关方式

转关运输的基本形式有提前报关转关、直转转关和中转转关三种方式。

（一）提前报关转关

进口提前报关转关方式，是指由进口货物的收货人或其代理人先在指运地海关申报，再到进境地办理进口转关手续的方式。

出口提前报关转关方式，是指出口货物的发货人或其代理人在货物未运抵起运地海关监管场所前，先向起运地海关申报，货物运抵监管场所后再办理出口转关手续的方式。

（二）直转转关

进口直转转关方式，是指由收货人或其代理人在进境地海关办理转关手续，货物运抵指运地后再在指运地海关办理报关手续的方式。

出口直转转关方式，是指由发货人或其代理人在货物运抵起运地海关监管场所报关后，在起运地海关办理出口转关手续的出境货物的方式。

（三）中转转关

具有全程提运单，必须换装境内运输工具的进出口中转货物适用中转转关方式。

进口中转转关一般采用提前报关的转关方式，由中转转关货物的收货人或其代理人向指运地海关办理进口报关手续后，由境内承运人或其代理人向进境地海关办理货物进口转关手续。

出口中转转关由货物的发货人或其代理人向起运地海关办理出口报关手续后，由承运人或其代理人向起运地海关办理中转货物的出口转关手续。

此外，海关监管货物的转关运输，除加工贸易深加工结转按有关规定办理外，均应按进口转关方式办理，即按提前报关转关方式或直转转关方式办理。这时，转入地相当于指运地，转出地相当于进境地。

三、监管和报关要点

（一）转关运输的期限

1. 直转方式转关的期限

直转方式转关的进口货物应当自运输工具申报进境之日起 14 天内向进境地海关办理转关手续，在海关限定期限内运抵指运地之日起 14 天内，向指运地海关办理报关手续。逾期按规定征收滞报金。在进境地办理转关手续逾期的，以自载运进口货物的运输工具申报进境之日起第 15 日为征收滞报金的起始日；在指运地申报逾期的，以自货物运抵指运地之日起第 15 日为征收滞报金的起始日。

2. 提前报关方式转关的期限

进口转关货物应在电子数据申报之日起的 5 日内，向进境地海关办理转关手续，超过期限仍未到进境地海关办理转关手续的，指运地海关撤销提前报关的电子数据。

出口转关货物应在电子数据申报之日起 5 日内，运抵起运地海关监管场所，办理转关和验放等手续，超过期限的，起运地海关撤销提前报关的电子数据。

（二）转关货物的核销

进口转关货物运抵指运地海关监管场所后，指运地海关即可办理转关核销。

出口转关货物运抵出境地海关监管场所后，由出境地海关办理转关核销。货物实际离境后，出境地海关核销清洁舱单并向起运地海关反馈，起运地海关凭以签发有关报关单证明联。

> **网络链接**
>
> 企业转关运输办理指南可链接
> http://www.customs.gov.cn/tabid/3408/default.aspx

综合实训

一、进出口货物报关实训

1. 厦门 A 公司以 FOB 汉堡价格条件从德国进口一批移动通信产品，支付方式为 L/C，贸易方式为一般贸易，属法定检验、自动进口许可证管理商品。运载该货的运输工具于 2010 年 3 月 18 日申报进境，该公司于 3 月 25 日采用 EDI 电子申报方式向口岸海关报关，3 月 28 日向口岸海关提交纸质报关单。之后，该公司发现由于报关员书写失误造成申报差错，向海关要求修改申报内容。4 月 5 日公司提交的纸质报关单被海关接受。

【实训要求】

请根据上述业务背景，以厦门 A 公司报关员的身份回答下列问题，并办理相关申报手续。

（1）该报关员在向海关申报前须做好哪些准备工作？

【业务处理】_____

_____

_____

_____

（2）该批货物是否须缴纳滞报金？假设公司的电子报关单是在 4 月 5 日被海关接受，是否构成滞报？如产生滞报，滞报多少天？需缴纳多少元滞报金？

【业务处理】＿＿＿＿＿＿＿＿＿＿＿＿＿＿＿＿＿＿＿＿＿＿＿＿＿＿＿＿＿＿＿＿＿

＿＿＿＿＿＿＿＿＿＿＿＿＿＿＿＿＿＿＿＿＿＿＿＿＿＿＿＿＿＿＿＿＿＿＿＿＿＿

＿＿＿＿＿＿＿＿＿＿＿＿＿＿＿＿＿＿＿＿＿＿＿＿＿＿＿＿＿＿＿＿＿＿＿＿＿＿

＿＿＿＿＿＿＿＿＿＿＿＿＿＿＿＿＿＿＿＿＿＿＿＿＿＿＿＿＿＿＿＿＿＿＿＿＿＿

（3）该报关员可否向海关申请修改报关单？

【业务处理】＿＿＿＿＿＿＿＿＿＿＿＿＿＿＿＿＿＿＿＿＿＿＿＿＿＿＿＿＿＿＿＿＿

＿＿＿＿＿＿＿＿＿＿＿＿＿＿＿＿＿＿＿＿＿＿＿＿＿＿＿＿＿＿＿＿＿＿＿＿＿＿

（4）该报关员向海关申请修改报关单时需要填写什么表格？

【业务处理】＿＿＿＿＿＿＿＿＿＿＿＿＿＿＿＿＿＿＿＿＿＿＿＿＿＿＿＿＿＿＿＿＿

（5）该报关员向海关申报时须提交哪些单证？

【业务处理】＿＿＿＿＿＿＿＿＿＿＿＿＿＿＿＿＿＿＿＿＿＿＿＿＿＿＿＿＿＿＿＿＿

2. 汕头某进口公司以 FOB 东京价格条件从日本经香港转运进口一批汽车，支付方式为 L/C，贸易方式为一般贸易，该货物属法定检验、自动进口许可证管理商品。运载该货的轮船于 2010 年 9 月 5 日申报进境。

【实训要求】请根据上述业务背景，回答下列问题。

（1）该进口公司可通过哪些当事人向海关申报？

【业务处理】＿＿＿＿＿＿＿＿＿＿＿＿＿＿＿＿＿＿＿＿＿＿＿＿＿＿＿＿＿＿＿＿＿

（2）该进口公司申报的地点在哪里？为什么？

【业务处理】＿＿＿＿＿＿＿＿＿＿＿＿＿＿＿＿＿＿＿＿＿＿＿＿＿＿＿＿＿＿＿＿＿

＿＿＿＿＿＿＿＿＿＿＿＿＿＿＿＿＿＿＿＿＿＿＿＿＿＿＿＿＿＿＿＿＿＿＿＿＿＿

（3）该进口公司申报的期限为何时？如果申报超期，海关应如何处理？

【业务处理】＿＿＿＿＿＿＿＿＿＿＿＿＿＿＿＿＿＿＿＿＿＿＿＿＿＿＿＿＿＿＿＿＿

＿＿＿＿＿＿＿＿＿＿＿＿＿＿＿＿＿＿＿＿＿＿＿＿＿＿＿＿＿＿＿＿＿＿＿＿＿＿

（4）该进口公司须通过哪些方式进行申报？如果海关接受申报，应适用何日实施的税率计征关税？

【业务处理】＿＿＿＿＿＿＿＿＿＿＿＿＿＿＿＿＿＿＿＿＿＿＿＿＿＿＿＿＿＿＿＿＿

＿＿＿＿＿＿＿＿＿＿＿＿＿＿＿＿＿＿＿＿＿＿＿＿＿＿＿＿＿＿＿＿＿＿＿＿＿＿

（5）该公司申报时须提交哪些单证？

【业务处理】＿＿＿＿＿＿＿＿＿＿＿＿＿＿＿＿＿＿＿＿＿＿＿＿＿＿＿＿＿＿＿＿＿

（6）海关可否查阅进口公司的信用证？为什么？

【业务处理】_____

（7）海关查验货物时，报关员应当到场，并做好哪些工作以配合海关的查验？

【业务处理】_____

_____

_____

_____

_____

（8）假设海关查验后怀疑该进口公司涉嫌走私，海关是否有权复验货物？

【业务处理】_____

（9）假设该公司报关员经海关通知配合查验而没有到场，海关可否径行开验货物？

【业务处理】_____

_____

（10）该进口公司须凭哪些单据提取货物？提取货物后，进口公司能否自由处置该批货物？为什么？

【业务处理】_____

_____

（11）该进口公司提取货物后，发现有两部汽车损坏，并证实是在海关查验过程中造成的，这时，是否有权要求海关予以赔偿？

【业务处理】_____

（12）货物放行后该进口公司可要求海关签发哪些证明？这些证明有何作用？

【业务处理】_____

_____

_____

二、转关货物报关实训

1. 长春腾飞电器公司经大连进口一批电器零部件，2009 年 6 月 5 日（星期五）运载货物的海轮抵达大连。该公司向大连海关办理转关运输手续，6 月 12 日货物运抵长春。

【实训要求】请根据上述业务背景，以长春腾飞电器公司报关员的身份回答下列问题，并办理相关申报手续。

（1）该业务适用的转关方式是什么？

【业务处理】_____

（2）报关员应于何时何地向海关办理进口转关手续？

【业务处理】_____

（3）报关员应于何时何地办理进口货物申报手续？

【业务处理】_____

（4）报关员可采用哪种申报方式办理进境转关和进口报关手续？

【业务处理】_____

_____

（5）报关员办理进境转关运输时须向海关提交哪些单证？

【业务处理】_____

_____

（6）报关员办理进口报关手续时须向海关提交哪些单证？

【业务处理】_____

_____

（7）假设该企业改用提前报关方式办理转关手续，报关员应如何办理海关手续？

【业务处理】_____

_____

2．济南某进出口公司从日本进口废纸一批，该货物于 2009 年 3 月 5 日（星期四）由中海集装箱班轮公司的货轮载运进口。该公司委托青岛某报关行于次日向青岛海关办理转关手续，后于 3 月 11 日运抵济南，4 月 2 日向济南海关办理进口报关手续。

【实训要求】请根据以上业务背景，回答下列问题。

（1）该货物采用了哪种转关方式？

【业务处理】_____

（2）该企业是否产生滞报？如果产生滞报，企业应该缴纳多少天的滞报金？

【业务处理】_____

_____

_____

_____

（3）该企业在进口申报前应先向哪个部门申领哪些许可证件？如果该企业申报前未能提交该许可证件，海关应作何处理？

【业务处理】_____

_____

_____

第 四 章

进出口税费

本章主要内容

依法征收进出口税费是海关的四项基本任务之一。依法缴纳税费是有关纳税义务人的基本义务。因此，熟练计算关税、消费税、增值税等税费是报关员必须掌握的基本报关技能。关税主要从价计征，其税额的高低取决于完税价格和税率两个因素，因此，如何确定关税的完税价格、确定进口货物的原产地和运用关税税率是进出口税费的主要知识点。

本章主要介绍进出口货物完税价格的审定、进出口关税税率的种类及适用、进出口税费的计算和关税的减、免、退、补规定。

学习要求

1. 熟悉进出口税费的种类及含义。
2. 掌握进出口货物完税价格的确定规则、汇率的适用规定及相关费用的核算方法。
3. 掌握进出口货物原产地确定的规则及税率适用的规定。
4. 掌握进出口税费的计算方法、缴纳期限及要求。

技能目标

能准确计算一般进出口货物的税费。

第一节 进出口税费概述

进出口税费是指在进出口环节中由海关依法征收的关税、消费税、增值税等税费。依法征收税费是海关的任务之一。依法缴纳税费是有关纳税义务人的基本义务。

一、关税的含义、特征及作用

（一）关税的含义

关税（customs duty；tariff）是国家税收的重要组成部分，是由海关代表国家，按照国家制定的关税政策和公布实施的税法及进出口税则，对进出关境的货物（贸易性关税）和物品（非贸易性关税）向纳税义务人征收的一种流转税。

（二）关税的特征

1. 征收主体

中华人民共和国海关是关税的法定征收机关。

2. 纳税主体

纳税主体即纳税义务人，进口货物的收货人、出口货物的发货人、进出境物品的所有人是关税的纳税义务人。保管海关监管货物有过失的当事人应当承担相应的纳税义务和法律责任。

3. 征收的对象

关税征收的对象为准许进出口的货物和进出境的物品。

4. 征税的法律依据

征税的法律依据有《海关法》、《中华人民共和国进出口税则》、《中华人民共和国进出口关税条例》（以下简称《进出口关税条例》）、《中华人民共和国海关审定进出口货物完税价格办法》（以下简称《海关审定进出口货物完税价格办法》）、《中华人民共和国海关进出口货物征税管理办法》、《中华人民共和国进出口货物原产地条例》等。

5. 关税是一种流转税

我国的流转税包括增值税、消费税、营业税和关税。

6. 关税是一种间接税

进出口货物的收、发货人可将关税计入价格中从而转嫁给消费者。

7. 关税是一种国税

关税是国家中央财政收入的重要组成部分。

（三）关税的作用

关税是国家税收的重要组成部分，是国家保护国内经济、实施财政政策、调整产业结构、发展进出口贸易的重要手段，也是世界贸易组织允许各缔约国保护其境内经济的一种手段。

二、关税的分类

（一）按征税货物的流向分

1. 进口关税

进口关税是指海关对进入其关境内的货物和物品征收的关税。在国际贸易中，进口关税一直被各国公认是一种重要的经济保护手段。

2. 出口关税

出口关税是指海关对出境货物和物品征收的关税。除少数须限制出口或宏观调控出口秩序的商品外，多数商品国家不征收出口税。

我国出口关税主要以从价税为计征标准。

根据实际情况，我国还在一定时期内对部分商品临时开征出口暂定关税或不同阶段实行不同出口暂定税率或加征特别出口关税。

根据《进出口关税条例》的规定，适用出口税率的出口货物有暂定税率的，应当适用暂定税率。除法律法规有明确规定可以免征出口关税外，对外商投资企业出口的应税商品，一律照章征收出口关税。

3. 过境关税

过境关税是外国经过本国国境运往另一国的货物所征收的一种关税。

（二）按计征标准分

1. 从价税

从价税是以课税对象的价格作为计征标准，以应征税额占价格的百分比作为税率征收的关税。这是世界各国最主要的计税标准。

2. 从量税

从量税是以课税对象的计量单位（如重量、数量、容量、长度等）作为计征标准，以每一计量单位的应征税额征收的关税。目前，我国对冻鸡、胶卷、啤酒（最惠国税率为零）和石油原油（最惠国税率为零）等进口商品征收从量关税。

3．复合税

复合税是指在海关税则中，对一个税目中的商品同时使用从价、从量两种计征标准，计税时按两者之和作为应征税额征收的关税。

4．滑准税

滑准税是指在海关税则中，预先按产品的价格高低分档制定若干个不同的税率，然后根据进口商品的变动而增减进口税率的一种关税。当商品价格上涨时采用较低税率，当商品价格下跌时则采用较高税率，其目的是使该种商品的国内市场价格保持稳定。目前，我国对配额外进口的一定数量棉花（税号：5201.0000）实行滑准税率，税率滑动范围为5%~40%。

（三）按进口征税的主次程度分

1．进口正税

进口正税是按海关税则中的法定进口税率征收的进口税。

2．进口附加税

进口附加税是对进口货物除征收正税之外另行征收的进口税。进口附加税一般具有临时性，包括反倾销税、反补贴税、保障性关税、特别关税（报复性关税）等。目前，我国征收的进口附加税主要为反倾销税。

此外，按差别待遇不同，还可分为最惠国关税、协定关税、特惠税和普通关税。

三、进口环节海关代征税

进口货物和物品在办理海关手续放行后，进入国内流通领域，与国内货物同等对待，所以应缴纳国内税。为了简化征税手续，进口货物和物品的一些国内税依法由海关在进口环节征收。目前，进口环节海关代征税主要有增值税和消费税两种。

（一）增值税

增值税（value-added tax）是指以商品的生产、流通和劳务服务各个环节所创造的新增价值为课税对象而征收的一种流转税。

增值税的课税对象为绝大多数流通的商品（出口环节免征）。增值税的一般税率为17%；对少数国计民生的商品实行13%的优惠税率。出口货物税率为0%，但是国务院另有规定的除外；纳税人提供加工、修理修配劳务税率为17%。

（二）消费税

消费税（excise）是以消费品或消费行为的流转额作为课税对象而征收的一种流转税。

在中国境内生产、委托加工和进口《中华人民共和国消费税暂行条例》规定的消费品的单位和个人，为消费税的纳税义务人，应当依照消费税条例缴纳消费税。进口环节消费税的缴纳期限与关税相同。

消费税的课税对象即征收范围，仅限于少数商品。目前我国应征消费税货物包括烟、酒及酒精、鞭炮及焰火、化妆品、贵重首饰及珠宝玉石、成品油（汽油、柴油、石脑油、溶剂油、润滑油、燃料油、航空煤油）、汽车轮胎、摩托车、小轿车、高尔夫球及球具、高档手表、游艇、木制一次性筷子、实木地板共 14 类。

第二节　进出口货物完税价格的审定

一、进口货物完税价格的审定

从价税是海关计征关税最主要的方法，审定进出口货物的完税价格是海关从价计征关税的一个重要步骤。进出口货物完税价格是指经海关依法审定的作为计征从价税税额的依据的价格。《海关法》、《进出口关税条例》及《海关审定进出口货物完税价格办法》是海关审定进口货物完税价格最主要的法律依据。

（一）确定进口货物完税价格的估价方法

海关确定进口货物完税价格有六种估价方法：成交价格方法、相同货物成交价格方法、类似货物成交价格方法、倒扣价格方法、计算价格方法和合理方法。这六种估价方法必须依次使用，即只有在不能使用前一种估价方法的情况下，才可以顺延使用其他估价方法。

1. 成交价格方法

成交价格方法就是海关以货物的成交价格为基础，再计入或扣减有关的项目最终确定进口货物的完税价格的方法。

进口货物的完税价格包括货物的货价、货物运抵中国境内输入地点起卸前的运输及其相关费用、保险费。

（1）计入完税价格的项目

计入完税价格的项目包括：

1）除购货佣金以外的佣金和经纪费。

2）与进口货物视为一体的容器费用。

3）包装材料和包装劳务费用。

4）协助的价值，即由买方直接或间接免费提供或以低于成本价的方式销售给卖方或有关方的，未包括在实付或应付价格之中的货物或服务的价值。

5）特许权使用费，即进口货物的买方为取得知识产权权利人及权利人有效授权人关于专利权、商标权、专有技术、著作权、分销权或销售权的许可或者转让而支付的费用。

6）返回给卖方的转售收益。

（2）扣减的项目

进口货物的价款中单独列明的下列税收、费用，不计入该货物的完税价格包括：

1）厂房、机械或设备等货物进口后发生的建设、安装、装配、维修或者技术援助费用，但是保修费用除外。

2）进口货物运抵中国境内输入地点起卸后发生的运输及其相关费用、保险费。

3）进口关税、进口环节海关代征税及其他国内税。

4）为在境内复制进口货物而支付的费用。

5）境内外技术培训及境外考察费用。

（3）成交价格必须具备的条件

成交价格必须具备的条件包括：

1）买方对进口货物的处置和使用不受限制。

2）货物的出口销售或价格不应受到某些条件或因素的影响。

3）卖方不得直接或间接从买方获得因转售、处置或使用进口货物而产生的任何收益，除非上述收益能够被合理确定。

4）买卖双方之间的特殊关系不影响价格。

买卖双方之间的成交价格如果不符合上述条件，则不能适用成交价格方法估价。

2. 相同或类似货物成交价格方法

当须纳税货物不存在成交价格或虽存在成交价格，但不被海关接受时，海关可采用相同或类似货物成交价格方法进行估价。这种方法即以与被估货物同时或大约同时向中华人民共和国境内销售的相同货物及类似货物的成交价格为基础，审查确定进口货物完税价格的方法。

读一读

相同货物和类似货物

"相同货物"，指与进口货物在同一国家或地区生产的，在物理性质、质量和信誉等所有方面都相同的货物，但是表面的微小差异允许存在。

"类似货物"，指与进口货物在同一国家或地区生产的，虽然不是在所有方面都相同，但却具有相似的特征、相似的组成材料、相同功能，并且在商业中可以互换的货物。

---

3. 倒扣价格方法

该方法以进口货物、相同或类似进口货物在进口国国内转售价格为基础，扣除一些费用来估定完税价格。

（1）用以倒扣的价格销售的货物应同时符合的条件

用以倒扣的价格销售的货物应同时符合以下条件：

1）在被估货物进口时或大约同时销售。"进口时或大约同时"为在进口货物接受申报之日的前后各45天以内。

2）按照进口时的状态销售。必须以进口货物、相同或类似进口货物按进口时的状态销售的价格为基础。如果没有按进口时的状态销售的价格，可以使用经过加工后在境内销售的价格作为倒扣的基础。

3）在境内第一环节销售。

4）合计的货物销售总量最大。必须使用被估的进口货物、相同或类似进口货物以最大总量单位售予境内无特殊关系方的价格为基础估定完税价格。

5）向境内无特殊关系方的销售。

（2）倒扣价格方法应扣除的费用

倒扣价格方法应扣除的费用包括：

1）该货物的同等级或同种类货物在境内销售时的利润和一般费用及通常支付的佣金。

2）货物运抵境内输入地点之后的运费、保险费、装卸费及其他相关费用。

3）进口关税、进口环节税和其他与进口或销售该货物有关的国内税。

4）加工增值额。加工增值额主要是指如果使用经过加工后在境内转售的价格作为倒扣的基础，必须扣除这部分价值。

4. 计算价格方法

该方法以被估货物发生在生产国或地区的生产成本作为基础来估定完税价格。

采用计算价格方法的进口货物的完税价格由下列各项的总和构成：

1）生产该货物所使用的原材料价值和进行装配或其他加工的费用。

2）与向我国境内出口销售同级或同类货物相符的利润和一般费用。

3）货物运抵中华人民共和国境内输入地点起卸前的运输及其相关费用、保险费。

5. 合理方法

合理的估价方法，实际上不是一种具体的估价方法，而是规定了使用方法的范围和原则，即运用合理方法，必须符合《进出口关税条例》、《中华人民共和国海关审定进出口货物完税价格办法》的公平、统一、客观的估价原则，必须以境内可以获得的数据资料为基础。

（二）进口货物完税价格中运费、保险费的计算标准

1. 运费的计算标准

进口货物的运费，应当按照实际支付的费用计算。如果进口货物的运费无法确定或未实际发生，海关应当按照该货物进口同期运输行业公布的运费率（额）计算。

2. 保险费的计算标准

进口货物的保险费，应当按照实际支付的费用计算。如果进口货物的保险费无法确定或未实际发生，海关应当按照"货价加运费"两者总额的3‰计算保险费。其计算公式为

$$保险费＝（货价＋运费）×3‰$$

3. 邮运货物运费计算标准

邮运进口的货物，应当以邮费作为运输及其相关费用、保险费。

4. 边境口岸运费计算标准

以境外边境口岸价格条件成交的铁路或者公路运输进口货物，海关应当按照境外边境口岸价格的1%计算运输及其相关费用、保险费。

二、出口货物完税价格的审定

（一）成交价格法

《中华人民共和国海关审定进出口货物完税价格办法》第21条规定，出口货物的完税价格由海关以该货物向境外销售的成交价格为基础审查确定，并应包括货物运至中华人民共和国境内输出地点装载前的运输及其相关费用、保险费，但其中包含的出口关税税额，应当扣除。出口货物的成交价格是指该货物出口销售到中华人民共和国境外时，买方向卖方实付或应付的价格。

1. 扣除的因素

扣除的因素包括：

1）出口货物的成交价格中含有支付给境外的佣金的，如果单独列明，应当扣除。

2）出口货物的销售价格如果包括离境口岸至境外口岸之间的运费、保险费的，该运费、保险费应当扣除。

3）出口货物的销售价格中包含的出口关税税额，应当扣除。

2. 计入的因素

货物运至中华人民共和国境内输出地点装载前的运输及其相关费用、保险费应当计入出口货物的完税价格。例如，成交价格为EXW，计入的因素应包括自仓库或工厂至出境地的运费、保险费等。

（二）其他估价方法

出口货物的成交价格不能确定时，完税价格由海关依次使用下列方法估定：

1）同时或大约同时向同一国家或地区出口的相同货物的成交价格。

2）同时或大约同时向同一国家或地区出口的类似货物的成交价格。

3）根据境内生产相同或类似货物的成本、利润和一般费用、境内发生的运输及其相关费用、保险费计算所得的价格。

4）按照合理方法估定的价格。

第三节　进口货物原产地的确定与税率适用

一、进口货物原产地的确定

在国际贸易中，原产地是指货物生产的国家（地区），即货物的"国籍"。进口货物的"国籍"直接影响到进口货物依照进口国的贸易政策所适用的关税和非关税待遇。原产地不同，决定了进口商品所享受的待遇不同。

随着我国积极参与区域性与双边的自由贸易区协定，相互关税优惠待遇的国家将越来越多。我国进出口企业应加强对区域性与双边自由贸易协定及其互惠原产地证的认识与应用，在出口贸易中，我国出口商在与对方谈判时，我方提供相关的优惠原产地证，进口商在其报关时可以少缴关税，降低了进口商品的成本，我国出口价格就可以相应高一些。在进口贸易中，要求对方提供相关的优惠原产地证，我国进口企业也同样可以享受我国的优惠关税待遇，从而降低进口商品成本，进而达到利用关税优惠待遇扩大出口，降低进口成本，提高进出口贸易效益。

（一）原产地规则的含义

WTO《原产地规则协议》将原产地规则定义为：一国（地区）为确定货物的原产地而实施的普遍适用的法律、法规和行政决定。

世界各国均制定其国别贸易政策，即对来自不同原产地的进口货物实施不同的关税及非关税措施，因此从某种意义上说，原产地规则就是贸易待遇规则。原产地被称为货物的"经济国籍"。货物出口地及出厂地不等同于货物原产地。

（二）原产地规则的类别

从适用目的的角度划分，原产地规则分为优惠原产地规则和非优惠原产地规则。

1. 优惠原产地规则

优惠原产地规则是指一国为了实施国别优惠政策而制定的原产地规则，优惠范围以原产地为受惠国的进口产品为限。其具体的原产地标准是给惠国和受惠国通过双边或多边协定形式制定的，所以又称为"协定原产地规则"。

我国加入世界贸易组织，为了进一步改善所处的贸易环境，推进市场多元化进程，至2009 年 3 月为止，先后签订了《亚洲及太平洋经济和社会理事会发展中国家成员国关于贸易谈判的第一协定》（以下简称《亚太贸易协定》）、《中华人民共和国与东南亚国家联盟全面经济合作框架协议》（以下简称《框架协议》）、《内地与香港关于建立更紧密经贸关系的安排》（以下简称香港 CEPA）、《内地与澳门关于建立更紧密经贸关系的安排》（以下简称澳门 CEPA）、《中华人民共和国政府与巴基斯坦伊斯兰共和国政府自由贸易协定》（以下简称《中巴自贸协定》），对 41 个最不发达国家（包括 31 个非洲国家，孟加拉国、柬埔寨、老挝、缅甸等 4 国，也门、马尔代夫、阿富汗、萨摩亚、瓦努阿图、东帝汶等 6 国）给予的特别优惠关税待遇（以下简称"特别优惠关税待遇"），《中华人民共和国与智利共和国政府自由贸易协定》（以下简称《中智自贸协定》）、《中华人民共和国政府和新西兰政府自由贸易协定》（以下简称《中新（西兰）自贸协定》）、《中华人民共和国政府和新加坡共和国政府自由贸易协定》（以下简称《中新（加坡）自贸协定》）、《中华人民共和国政府和秘鲁共和国政府自由贸易协定》（以下简称《中秘自贸协定》）、《中华人民共和国政府和哥斯达黎加共和国政府自由贸易协定》、《海峡两岸经济合作框架协议》等区域性贸易协定。上述协定框架下的优惠贸易协定，均适用相应的优惠原产地规则。

上述贸易协定中，《亚太贸易协定》适用国家包括韩国、印度、斯里兰卡、孟加拉国和老挝；《框架协议》适用国家包括越南、泰国、新加坡、马来西亚、印度尼西亚、文莱、缅甸、老挝、柬埔寨、菲律宾。

网络链接

了解目前中国已签订的自由贸易区可链接"中国自由贸易区服务网"
http://fta.mofcom.gov.cn/index.shtml

2. 非优惠原产地规则

非优惠原产地规则是指一国根据实施其海关税则和其他贸易措施的需要，由本国自主制定的原产地规则，故也称为"自主原产地规则"。其适用于判断进口货物是否适用最惠国税率、反倾销反补贴税率、保障措施等非双边、非多边优惠的贸易政策。WTO《协调非优惠性原产地规则》正在统一协调中，完成后 WTO 成员方将实施统一的协调非优惠性原产地规则，以取代各国自主制定的非优惠性原产地规则。

（三）优惠原产地认定标准

优惠原产地认定标准主要有"完全获得标准"、"增值标准"和"直接运输标准"。

1. 完全获得标准（完全在某一受惠国/地区获得）

完全获得标准适用以下货物：
1）在该国（地区）领土或领海开采的矿产品。
2）在该国（地区）领土或领海收获或采集的植物产品。
3）在该国（地区）领土出生和饲养的活动物及从其所得产品。
4）其他符合相应优惠贸易协定项下完全获得标准的货物。

2. 增值标准（非完全在某一受惠国获得）

对于非完全在某一受惠国获得或生产的货物，满足以下条件时，应以进行最后加工制造的受惠国视为有关货物的原产国（地区）：
1）货物的最后加工制造工序在受惠国完成。

2）用于加工制造的非原产于受惠国及产地不明的原材料、零部件等成分的价值占进口货物 FOB 的比例，在上述不同的协定框架下，增值标准各有不同。优惠原产地规则增值标准见表 4.1。

表 4.1　优惠原产地规则增值标准

协定名称	增值标准
《亚太贸易协定》	45%（孟加拉国为 35%）
《框架协议》	40%
香港 CEPA 和澳门 CEPA	30%
《中巴自贸协定》	40%
《中智自贸协定》	40%
特别优惠关税待遇	40%

3. 直接运输标准

优惠原产地规则中"直接运输"是指：

1）货物运输未经非受惠国关境。

2）货物虽经一个或多个非受惠国关境，但其有充分理由证明过境运输完全出于地理原因或商业运输的要求，并能证明货物在运输过程中未在非受惠国关境内使用、交易或消费，以及除装卸和为保持货物良好状态而接受的简单处理外，未经任何其他处理。应进口地海关要求，进口货物收货人应提交过境海关签发的对上述事项的证明或其他证明材料。

香港 CEPA 项下的进口货物应当从香港直接运输至内地口岸。澳门 CEPA 项下的进口货物不能从香港以外的地区或者国家转运。

（四）非优惠原产地认定标准

非优惠原产地认定标准的法律依据是《中华人民共和国进出口货物原产地条例》和《关于非优惠原产地规则中实质性改变标准的规定》。非优惠原产地认定标准包括"完全在一国（地区）获得"和非"完全在一国（地区）获得"两种情况。

1. "完全在一国（地区）获得"

以下产品视为"完全在一国（地区）获得"：

1）在该国（地区）出生并饲养的活的动物。

2）在该国（地区）野外捕捉、捕捞、搜集的动物。

3）从该国（地区）的活的动物获得的未经加工的物品。

4）在该国（地区）收获的植物和植物产品。

5）在该国（地区）采掘的矿物。

6）在该国（地区）获得的除上述第一至五项范围之外的其他天然生成的物品。

7）在该国（地区）生产过程中产生的只能弃置或者回收用作材料的废碎料。

8）在该国（地区）收集的不能修复或者修理的物品，或者从该物品中回收的零件或者材料。

9）由合法悬挂该国旗帜的船舶从其领海以外海域获得的海洋捕捞物和其他物品。

10）在合法悬挂该国旗帜的加工船上加工上述第九项所列物品获得的产品。

11）从该国领海以外享有专有开采权的海床或者海床底土获得的物品。

12）在该国（地区）完全从上述第一至十项所列物品中生产的产品。

2. 非"完全在一国（地区）获得"

非"完全在一国（地区）获得"以实质性改变作为确定标准，实质性改变的确定标准，以税则归类改变为基本标准；税则归类改变不能反映实质性改变的，以从价百分比、制造或者加工工序等为补充标准。

这里所称的税则归类改变，是指在某一国家（地区）对非该国（地区）原产材料进行制造、加工后，所得货物在《中华人民共和国进出口税则》中的四位数级税目归类发生了变化。

这里所称的从价百分比，是指在某一国家（地区）对非该国（地区）原产材料进行制造、加工后的增值部分，超过所得货物价值的 30%。用公式表示为

（工厂交货价－非该国/地区原产材料价值）÷工厂交货价×100%≥30%

"工厂交货价"是指支付给制造厂生产的成品的价格。

"非该国（地区）原产材料价值"是指直接用于制造或装配最终产品而进口原料、零部件的价值（含原产地不明的原料、零配件），以其进口"成本、保险费加运费"价格（CIF）计算。

这里所称的制造或者加工工序，是指在某一国家（地区）进行的赋予制造、加工后所得货物基本特征的主要工序。

二、关税税率的适用

目前我国进口关税实施复式税则，出口关税实施单式税则（部分商品设暂定税率），在实践中，须正确掌握其适用规则。

（一）进口关税税率的种类及适用

我国进口税则实行复式税率，目前设最惠国税率、普通税率、协定税率、特惠税率、关税配额税率、ITA 税率、贸易救济措施税率（反倾销税率、反补贴税率和保障措施税率）和报复关税税率等税率。进口关税税率种类及其适用见表 4.2，2009 年部分机动车辆进出口税则见表 4.3。对进口货物在一定期限内可以实行暂定税率。目前我国进口关税总水平为 9.8%。

表 4.2　进口关税税率种类及其适用

税率种类	适用范围	备注
最惠国税率	WTO 成员国、与我国订有双边最惠国协议的国家和我国大陆生产的货物复进口的货物	有暂定税率的，应当适用暂定税率
普通税率	普通税率适用于与我国尚未订立关税互惠协议的国家及原产地不明的进口货物	适用普通税率的进口货物，不适用暂定税率

续表

税率种类	适用范围	备注
协定税率	《亚太贸易协定》、《框架协议》、《早期收获》、《中智自贸协定》	有暂定税率的，应当从低适用税率
特惠税率	香港 CEPA 和澳门 CEPA 项下的进口货物原产于特别优惠关税待遇的国家的货物；原产于中国台湾的 15 种进口鲜水果和 19 种农产品	有暂定税率的，应当从低适用税率
关税配额税率	目前我国对化肥（磷酸二铵、复合肥、尿素）和农产品（小麦、玉米、大米、食糖、棉花、羊毛和毛条）实行关税配额管理	配额内进口货物适用较最惠国税率低的税率，配额外进口货物适用最惠国税率（或普通税率）
ITA 税率	相关的信息技术产品	适用 ITA 税率
贸易救济措施税率	规定的原产于相关国家的进口货物	适用反倾销税率、反补贴税率、保障措施税率
报复关税税率	规定的原产于相关国家的进口货物	适用报复关税税率

注：执行国家有关进出口关税减征政策时，首先应当在最惠国税率基础上计算有关税目的减征税率，然后根据进口货物的原产地及各种税率形式的适用范围，将这一税率与同一税目的特惠税率、协定税率、进口暂定最惠国税率进行比较，税率从低执行，但不得在暂定最惠国税率基础上再进行减免。

表 4.3　2009 年部分机动车辆进出口税则

商品编码	附加编号	商品名称	进口税率		计量单位	监管条件
			优惠	普通		
87032314	11	1500cc＜排气量＜2200cc 的小轿车	25	230	3	6ABO
87032314	19	2200cc≤排气量≤2500cc 的小轿车	25	230	3	6ABO
87032315	11	1500＜排量＜2400cc 四轮驱动越野车	25	230	3	6ABO
87032315	19	2400≤排量≤2500cc 四轮驱动越野车	25	230	3	6ABO

（二）出口关税税率的适用

我国出口税则实行单一税率，主要以从价税为计征标准。同时，我国还在一定时期内对部分出口商品临时开征出口暂定关税，或者在不同阶段实行不同的出口暂定关税税率，或者加征特别出口关税。

网络链接

2011 年我国关税实施方案可链接

http://www.customs.gov.cn/publish/portal0/tab518/info280355.htm

（三）适用税率的时间

1. 基本原则

我国《进出口关税条例》规定，进出口货物应当适用海关接受该货物申报进口或者出口之日实施的税率。

2. 特殊情况

适用税率的时间有以下特殊情况：

1）进口货物到达前，经海关核准先行申报的，适用装载该货物的运输工具申报进境之日实施的税率。

2）进口转关运输货物，适用指运地海关接受该货物申报进口之日实施的税率；货物运抵指运地前，经海关核准先行申报的，适用装载该货物的运输工具抵达指运地之日实施的税率。

3）出口转关运输货物，适用起运地海关接受该货物申报出口之日实施的税率。

4）经海关批准，实行集中申报的进出口货物，适用每次货物进出口时海关接受该货物申报之日实施的税率。

5）因超过规定期限未申报而由海关依法变卖的进口货物，其税款计征适用装载该货物的运输工具申报进境之日实施的税率。

6）因纳税义务人违反规定需要追征税款的进出口货物，适用违反规定的行为发生之日实施的税率；行为发生之日不能确定的，适用海关发现该行为之日实施的税率。

7）已申报进境并放行的保税货物、减免税货物、租赁货物或者已申报进出境并放行的暂时进出境货物，经批准不复运出境、转让或转入国内市场销售的，适用海关接受纳税义务人再次填写报关单申报办理纳税及有关手续之日实施的税率。

第四节　进出口税费的计算

一、进出口税费的计算步骤

进出口税费的计算有以下步骤：

1）按照商品归类原则查出应税货物的税则号。

2）根据原产地规则和税率适用原则，确定应税货物所适用的税率（最惠国税率、协定税率、特惠税率、暂定最惠国税率等）。

3）根据完税价格审定规则，确定应税货物的完税价格（采用四舍五入法计算至分）。

4）根据汇率适用原则，将以外币计价的完税价格折算成人民币（上一个月的第三个星期三中国人民银行公布的外币对人民币的基准汇率）。

5）代入计算公式（税额采用四舍五入法计算至分，50元以下免征）。

二、进出口税费的计算公式

（一）进口关税的计算公式

1. 从价计算公式

进口货物从价税应征税额＝进口货物完税价格×适用的进口关税税率

进口货物完税价格＝CIF价格

2. 从量计算公式

进口货物从量税应征税额＝进口货物数量×适用的单位税额

3. 复合计算公式

复合税应征税额＝货物的完税价格×从价税税率＋货物计量单位总数×从量税税率

（二）反倾销税的计算公式

反倾销税税额＝货物的完税价格×反倾销税税率

进口环节增值税额＝（海关完税价格＋关税税额＋反倾销税税额）×进口环节增值税税率

倾销产品的出口商不同，适用的反倾销税税率不同。

（三）出口货物关税的计算公式

1. 从价计算公式

出口货物从价税应征税额＝出口货物完税价格×适用的出口关税税率

出口货物完税价格＝FOB 价格÷（1＋出口关税税率）

2. 从量计算公式

出口货物从量税应征税额＝出口货物数量×适用的单位税额

（四）进口环节税的计算公式

1. 增值税的计算公式

（1）14 种应征消费税的商品之一

增值税组成计税价格＝关税完税价格＋关税税额＋消费税税额

增值税应纳税额＝组成计税价格×增值税税率

（2）14 种应征消费税的商品之外

增值税组成计税价格＝关税完税价格＋关税税额

增值税应纳税额＝组成计税价格×增值税税率

2. 消费税的计算公式

（1）从价税

消费税组成计税价格＝（关税完税价格＋关税）÷（1－消费税税率）

消费税应纳税额＝组成计税价格×消费税税率

（2）从量税（汽油、柴油、黄酒、啤酒）

从量应纳税额＝销售数量×单位税额

（3）复合税

　　复合应纳税额＝销售数量×单位税额＋组成计税价格×消费税税率

（五）滞纳金

1. 征收标准

　　海关填发"海关专用缴款书"次日起的第 16 日起征，每日为应缴税额的 0.05%，采用四舍五入法计算至分。滞纳金的起征点为 50 元。

2. 计算公式

$$关税滞纳金金额＝应缴关税税额×0.05%×滞纳天数$$
$$代征税滞纳金金额＝应缴代征税税额×0.05%×滞纳天数$$

三、计算实例

（一）进口税、消费税和增值税的计算

1. 进口税、消费税、增值税的计算

【例 4.1】　　上海振华汽车贸易公司从日本进口排气量为 90 毫升的女式摩托车 100 台，成交价格为 CIF 上海 100 000 日元/台，且经上海海关审定。C 摩托车的关税税率、增值税税率、消费税税率见表 4.4。中国人民银行公布的日元对人民币的基准汇率为"100 日元＝6.8531 元"。请计算该摩托车应缴纳的进口税、消费税和增值税税额。

　　解：

1）关税完税价格（CIF）＝100×100 000÷100×6.8531
　　　　　　　　　　＝685 310（元）

2）进口税税额＝进口货物完税价格×适用的进口关税税率
　　　　　　＝685 310×45%
　　　　　　＝308 389.5（元）

3）消费税税额＝（关税完税价格＋关税）÷（1－消费税税率）×消费税税率
　　　　　　＝（685 310＋308 389.5）÷（1－10%）×10%
　　　　　　＝110 411.06（元）

4）增值税税额＝（关税完税价格＋关税税额＋消费税税额）×增值税税率
　　　　　　＝（685 310＋308 389.5＋110 411.06）×17%
　　　　　　＝187 698.79（元）

表 4.4　摩托车的关税税率、增值税税率、消费税税率

商品编号	商品名称及备注	进口税率/%		增值税率/%	消费税率/%	计量单位	监管条件
		最惠国	普通				
87112010 00	50cc＜排量≤100cc 摩托车（装往复式活塞发动机,含脚踏两用车）	45	150	17	10	3	y4xAB6
87112020 00	100cc＜排量≤125cc 摩托车（装往复式活塞发动机,含脚踏两用车）	45	150	17	10	3	y4xAB6
87112030 00	125cc＜排量≤150cc 摩托车（装往复式活塞发动机,含脚踏两用车）	45	150	17	10	3	y4xAB6
87112040 00	150cc＜排量≤200cc 摩托车（装往复式活塞发动机,含脚踏两用车）	45	150	17	10	3	y4xAB6

2. 消费税、增值税的计算

【例 4.2】　某贸易公司从荷兰进口了 3000 箱"喜力"牌啤酒,规格为 24 支×330ml/箱,申报价格为 FOB 鹿特丹 HKD50/箱。发票列明:运费为 HKD20 000;保险费率为 0.3%。经海关审定属实。该啤酒的最惠国税率为零,消费税税额为 220 元/吨（1 吨＝988 升）,增值税税率为 17%,中国人民银行折算价为 100 港元＝106 元。请计算该批啤酒的消费税和增值税。

解:

1）关税完税价格（CIF）＝CFR 价格÷（1－110%×I%）

　　　　　　　　　＝（50×3 000＋20 000）×1.06÷（1－110%×0.3%）

　　　　　　　　　＝180 796.63（元）

2）消费税税额＝销售数量×单位税额

　　　　　　　＝[（330×24×3 000÷1000）÷988]×220

　　　　　　　＝5 291（元）

3）增值税税额＝（关税完税价格＋关税税额＋消费税税额）×增值税税率

　　　　　　　＝（180 796.63＋5 291）×17%

　　　　　　　＝31 634.90（元）

3. 进口税、增值税的计算

【例 4.3】　某进出口公司进口某批不用征收进口消费税的货物,经海关审核其成交价格总值为 CIF 境内某口岸 800.00 美元。已知该批货物的关税税率为 35%,增值税税率为 17%,其适用中国银行的外汇折算价为"1 美元＝8.2 元"。请计算该货物应征关税和增值税。

解:

1）关税完税价格（CIF）＝800.00×8.2

　　　　　　　　　　　＝6 560.00（元）

2）进口税税额＝进口货物完税价格×适用的进口关税税率

$$＝6\ 560.00×35\%$$

$$＝2\ 296.00（元）$$

3）增值税税额＝（关税完税价格＋关税税额）×增值税税率

$$＝（6\ 560.00＋2\ 296.00）×17\%$$

$$＝1\ 505.52（元）$$

（二）出口税的计算

1. 从价税的计算

【例4.4】 某进出口公司出口某种货物100件，每件重250公斤，成交价CFR香港50 000人民币。已申报运费为每公吨350元，出口税率为15%，请计算海关应征出口税。

解：

1）审定FOB价格。

$$F＝（100×250）÷1\ 000×350$$

$$＝8\ 750（元）$$

$$FOB 价格＝50\ 000－8\ 750$$

$$＝41\ 250（元）$$

2）计算出口税税额。

出口税税额＝FOB价格÷（1＋出口关税税率）×适用的出口关税税率

$$＝41\ 250÷（1＋15\%）×15\%$$

$$＝5\ 380（元）$$

2. 从量税的计算

【例4.5】 2006年某进出口公司出口毛制针织女式大衣10 000件到俄罗斯，经海关审定其成交价格为FOB上海100.00美元/件，其适用的税率：人民币0.3元/件。请计算应纳出口关税（中国人民银行折算价为"1美元＝8.27元"）。

解：

1）税则归类，归入税则税号6102 1000。

2）其适用的是从量税率0.3元/件。

3）计算应纳出口关税税额。

出口货物从量税应征税额＝出口货物数量×适用的单位税额

$$＝10\ 000×0.3$$

$$＝3\ 000.00（元）$$

（注：目前纺织品暂停征收出口税。）

（三）关税、代征税滞纳金的计算

【例题 4.6】 某进出口公司进口一批货物，经海关审核其成交价格为CIF境内某口岸

USD8 000，已知该批货物应征关税税额为人民币 23 240 元，应征增值税税额为人民币 15 238.80 元。海关于 2010 年 10 月 14 日填发《海关专用缴款书》，该公司于 2002 年 11 月 9 日缴纳税款。请计算应征的滞纳金。

解：

1）2010 年 10 月 29 日为税款缴纳期限，10 月 30 日至 11 月 9 日为滞纳期，共滞纳 11 天。

2）关税滞纳金金额＝应缴关税税额×0.05%×滞纳天数

$$=23\ 240×0.05\%×11$$

$$=127.82（元）$$

3）代征税滞纳金金额＝应缴代征税税额×0.05%×滞纳天数

$$=15\ 238.80×0.05\%×11$$

$$=83.81（元）$$

4）应缴滞纳金总金额＝127.82＋83.81

$$=211.63（元）$$

第五节 税费减免、缴纳与退补

一、进出口税费的减免

减免税费是指海关按照《海关法》、《进出口关税条例》和其他有关规定，对进出口货物的税费给予减免。根据《海关法》的规定，进出口税费的减免分为三大类，即法定减免税、特定减免税和临时减免税。

（一）法定减免税

根据《海关法》和《进出口关税条例》的规定，下列进出口货物、进出境物品，减征或者免征关税：

1）关税税额在人民币 50 元以下的一票货物。

2）无商业价值的广告品和货样。

3）外国政府、国际组织无偿赠送的物资。

4）在海关放行前遭受损坏或者损失的货物。

5）进出境运输工具装载的途中必需的燃料、物料和饮食用品。

6）中华人民共和国缔结或者参加的国际条约规定减征、免征关税的货物、物品。

7）法律规定减征、免征关税的其他货物、物品。

凡是完全符合法定减免税的货物，进出口货物收发货人无须事先向海关提出申请，海关征税人员即可在现场按规定直接办理减免税，且货物放行后即脱离海关的监管。

（二）特定减免税

目前实施特定减免税的主要有：外商投资项目投资额度内进口自用设备；外商投资企业

自有资金项目；国内投资项目进口设备；贷款项目进口物资；贷款中标项目进口零部件；重大技术装备；特定区域物资；科教用品；科技开发用品；无偿援助项目进口物资；救灾捐赠物资；扶贫慈善捐赠物资；残疾人专用品；集成电路项目进口物资；海上石油、陆上石油项目进口物资；进口远洋渔船及船用关键设备和部件；远洋渔业项目进口自捕水产品。

申请特定减免税的单位，应在货物进口前向主管海关申请《征免税证明》，并在其有效期内办理进口手续。进口货物放行后海关需要在一定期限内对其进行后续监管。

网络链接

减免税申办手续可链接
http://www.customs.gov.cn/default.aspx?tabid=4847

（三）临时减免税

临时减免税是由国务院根据某个单位、某类商品、某个时期或某批货物的特殊情况，按规定给予特别的临时性的减免税优惠。

二、进出口税费的缴纳

（一）缴纳方式

目前，我国纳税义务人向海关缴纳税款的方式主要以进出口地纳税为主，也有部分企业经海关批准采取属地纳税方式。

纳税义务人向海关缴纳税款的方式主要有两种：一种是持缴款书向指定银行办理税费交付手续；另一种是向签有协议的银行办理电子交付税费的手续。

（二）缴纳期限

进出口货物的纳税义务人，应当自海关填发"税款缴款书"之日起 15 日内缴纳税款；逾期缴纳的，由海关征收滞纳金。纳税义务人、担保人超过 3 个月仍未缴纳税款的，海关可以依法采取强制措施扣缴。强制措施主要有强制扣缴和变价抵扣两种。

三、进出口税费的退还

（一）退税的范围

以下情况，经海关核准可予以办理退税手续：

1）已缴纳税款的进口货物，因品质或者规格原因原状退货复运出境的。

2）已缴纳出口关税的出口货物，因品质或者规格原因原状退货复运进境，并已重新缴纳因出口而退还的国内环节有关税收的。

3）已缴纳出口关税的货物，因故未装运出口申报退关的。

4）散装进出口货物发生短装、短卸并已征税放行的，如果该货物的发货人、承运人或者保险公司已对短装部分退还或者赔偿相应货款的，纳税义务人可以向海关申请退还进口或者出口短装部分的相应税款。

5）进出口货物因残损、品质不良、规格不符的原因，由进出口货物的发货人、承运人或者保险公司赔偿相应货款的，纳税义务人可以向海关申请退还赔偿货款部分的相应税款。

6）因海关误征，致使纳税义务人多缴税款的。

（二）退税的期限及要求

1. 退税的期限

海关多征的税款，海关发现后应当立即退还；纳税义务人自缴纳税款之日起一年内，可以要求海关退还。纳税义务人要求海关退还多纳税款的，海关应当自受理退税申请之日起 30 日内查实并通知纳税义务人办理退还手续。纳税义务人应当自收到通知之日起 3 个月内办理有关退税手续。

2. 退税的要求

退税必须在原征税海关办理。办理退税时，纳税义务人应填写"退税申请表"并持凭原进口或出口报关单、原盖有银行收款章的税款缴纳收据正本及其他必要单证 （合同、发票、协议、商检机构证明等）送海关审核，海关同意后，应按原征税或者补税之日所实施的税率计算退税额。

四、进出口税费的追征和补征

（一）追征和补征税款的范围

进出口税费的追征和补征的范围为：
1）进出口货物放行后，海关发现少征或者漏征税款的。
2）因纳税义务人违反规定造成少征或者漏征税款的。
3）海关监管货物在海关监管期内因故改变用途，按照规定需要补征税款的。

（二）追征、补征税款的期限和要求

进出口税费的追征、补征税款的期限和要求为：
1）进出口货物放行后，海关发现少征或者漏征税款的，应当自缴纳税款或者货物放行之日起 1 年内，向纳税义务人补征税款。
2）因纳税义务人违反规定造成少征或者漏征税款的，海关可以自缴纳税款或者货物放行之日起 3 年内追征税款，并从缴纳税款或者货物放行之日起至海关发现违规行为之日止按日加收少征或者漏征税款 0.5‰的滞纳金。
3）海关发现海关监管货物因纳税义务人违反规定造成少征或者漏征税款的，应当自纳税义务人应缴纳税款之日起 3 年内追征，并从应缴纳税款之日起至海关发现违规行为之日止按日加收少征或者漏征税款 0.5‰的滞纳金。
因纳税义务人违反规定需在征收税款的同时加收滞纳金的，如果纳税义务人未在规定的

15 天缴款期限内缴纳税款，另行加收自缴款期限届满之日起至缴清税款之日止滞纳税款的 0.5‰滞纳金。

> **想一想**
>
> 关税纳税争议和海关行政处罚争议的救济程序有何区别？

五、纳税争议的处理

纳税义务人同海关发生纳税争议时，应当缴纳税款，并可以依法申请行政复议；对复议决定仍不服的，可以依法向人民法院提起诉讼。

综 合 实 训

一、进出口货物完税价格的计算

1. 某企业以 CIF 成交方式购进一台砂光机，先预付设备款 25 000 港币，发货时再支付设备价款 40 000 港币，并另直接支付给境外某权利所有人专用技术使用费 15 000 港币，此外，提单上列明 THC 费为 500 港币。

【实训要求】请根据上述业务背景，以该企业报关员的身份计算该批进口货物的完税价格。

【业务处理】 _____

_____

2. 中国某公司与哈萨克斯坦阿拉木图某公司订立一份 DAF 德鲁日巴（哈萨克斯坦边境城市）进口合同，总值为 100 万美元。

【实训要求】请根据上述业务背景，以该企业报关员的身份计算该批进口货物的完税价格。

【业务处理】 _____

_____

_____

二、滞纳金的计算

境内某公司从日本进口电焊机一批，已知该批货物应征关税税额人民币 150 000 元，进口环节增值税额为人民币 300 000 元，海关于 2007 年 4 月 16 日（星期一）填发"海关专用缴款书"，该公司于 2007 年 5 月 10 日缴纳税款。

【实训要求】请根据上述业务背景，以该企业报关员的身份计算应缴税款的滞纳金。

【业务处理】_____

_____

三、进口关税的计算

1. 某公司从香港购买一批日本产富士彩色胶卷 8000 卷（宽度 35 厘米，长度 2 米之内，），成交价格为 CIF 上海 HKD12/卷。假设外汇折算价为 1 港元＝0.90 元人民币，以上规格胶卷 0.05 平方米/卷。该批商品的最惠国税率为 30 元人民币/平方米。

【实训要求】请根据上述业务背景，以该公司报关员的身份计算该批进口货物应缴纳的进口关税税额。

【业务处理】_____

_____

_____

2. 我国境内某公司从香港购进孟加拉国产的某货物一批，设该货物的最惠国税率为 10%，普通税率为 30%，《亚太贸易协定》税率为 10%，香港 CEPA 项下税率为零，经海关审定，该批货物的完税价格为 50 000 美元，海关接受该批货物申报进口之日的汇率为 1 美元＝6.85 元人民币，海关填发税款缴款书之日的汇率为 1 美元＝6.80 元人民币。

【实训要求】请根据上述业务背景，以该公司报关员的身份计算该批进口货物应缴纳的进口关税税额。

【业务处理】_____

_____

四、进口关税、进口环节消费税和增值税的计算

某外贸公司从境外进口小轿车 30 辆，每辆小轿车货价 150 000 元，运抵我国海关前发生的运输费用、保险费用无法确定，经海关查实其他运输公司相同业务的运输费用占货价的比例为 2%。已知小轿车关税税率为 25%；增值税税率为 17%；消费税税率为 8%。

【实训要求】请根据上述业务背景，以该公司报关员的身份计算该批小轿车应缴纳的进口关税、进口环节消费税和增值税税额。

【业务处理】_____

_____

_____

_____

_____

五、出口关税的计算

某公司出口某商品 10 公吨，该商品出厂不含税（出口关税）价格为 1600 元/公吨，到港口运费为 100 元/公吨，港杂费等计算为 50 元/公吨，预期利润为出厂不含税价格的 10%，出口运费为 400 元/公吨，出口保险费为 50 元/公吨，该商品的出口税税率为 20%，出口暂定税率为 10%。

【实训要求】请根据上述业务背景，以该公司报关员的身份计算该批出口商品应缴纳的出口关税税额、FOB 价格、CFR 价格和 CIF 价格。

【业务处理】_____

_____

_____

_____

第 五 章

进出口货物报关单填制

本章主要内容

进出口货物报关单是报关员代表报关单位向海关办理货物进出境手续的主要单证。按照《中华人民共和国海关进出口货物申报管理规定》和《中华人民共和国海关进出口货物报关单填制规范》的要求，完整、准确、有效地填制进出口货物报关单是报关员执业所必备的基本技能。

本章主要介绍纸质进出口货物报关单的种类及各栏目的填制要求，重点介绍一般进出口货物报关单各栏目的填写方法及填写技巧。

学习要求

1. 了解进出口货物报关单的类别、法律效力、填制报关单的法律责任。
2. 熟悉进出口货物报关单各联的用途。
3. 熟悉原始单据内容与进出口货物报关单内容的对应关系。
4. 掌握进出口货物报关单的填制规范及填制技巧。

技能目标

能正确、熟练地填制一般进出口货物报关单。

第一节　进出口货物报关单概述

进出口货物报关单是指进出口货物的收发货人或其代理人，按照海关规定的格式对进出口货物的实际情况作出的书面申明，凭以要求海关对其货物按适用的海关制度办理报关手续的法律文书。

一、报关单的类别

按货物的进出口状态、表现形式、贸易性质和海关监管方式的不同，进出口货物报关单可分为以下几种类型：

1）按进出口流向分类，可分为进口货物报关单和出口货物报关单。

2）按介质分类，可分为纸质报关单和电子数据报关单。

3）按海关监管方式分类，可分为进料加工进（出）货物报关单、来料加工及补偿贸易进（出）口货物报关单和一般贸易及其他贸易进（出）口货物报关单。

4）按用途分类，即按报关员在处理报关业务过程中使用的情况分类，可分为报关单录入凭单、预录入报关单和报关单证明联。

读一读

报关单录入凭单、预录入报关单和报关单证明联

1．报关单录入凭单

报关单录入凭单指申报单位按报关单的格式填写的凭单，用作报关单预录入的依据。该凭单的编号规则由申报单位自行决定。

2．预录入报关单

预录入报关单指预录入单位按照申报单位填写的报关单凭单录入、打印，由申报单位向海关申报，海关尚未接受申报的报关单。

3．报关单证明联

报关单证明联指海关在核实货物实际进出境后按报关单格式提供的、用作进出口货物收发货人向国税、外汇管理部门办理退税和外汇核销手续的证明文件。

二、进出口货物报关单各联的用途

纸质进口货物报关单一式四联，分别是：海关作业联、企业留存联、海关核销联、进口付汇证明联。纸质出口货物报关单一式五联，分别是：海关作业联、企业留存联、海关核销联、出口收汇证明联、出口退税证明联。

（一）进出口货物报关单海关作业联

进出口货物报关单海关作业联是报关员配合海关查验、缴纳税费、提取或装运货物的重要单据，也是海关查验货物、征收税费、编制海关统计以及处理其他海关事务的重要凭证。

（二）进口货物报关单付汇证明联、出口货物报关单收汇证明联

进口货物报关单付汇证明联和出口货物报关单收汇证明联，是海关对已实际进出境的货物所签发的证明文件，是银行和国家外汇管理部门办理售汇、付汇和收汇及核销手续的重要依据之一。

对需办理进口付汇核销或出口收汇核销的货物，进出口货物的收发货人或其代理人应当在海关放行货物或结关以后，向海关申领进口货物报关单进口付汇证明联或出口货物报关单出口收汇证明联，凭以向银行或国家外汇管理部门办理付汇、收汇核销手续。

（三）进出口货物报关单海关核销联

进出口货物报关单海关核销联是指接受申报的海关对已实际申报进口或出口的货物所签发的证明文件，是海关办理加工贸易合同核销、结案手续的重要凭证。

加工贸易的货物进出口后，申报人应向海关领取进出口货物报关单海关核销联，并凭以向主管海关办理加工贸易合同核销手续。该联在报关时与海关作业联一并提供。

（四）出口货物报关单出口退税证明联

出口货物报关单出口退税证明联是海关对已实际申报出口并已装运离境的货物所签发的证明文件，是国家税务部门办理出口货物退税手续的重要凭证之一。

对可办理出口退税的货物，出口货物发货人或其代理人应当在载运货物的运输工具实际离境，海关办理结关手续后，向海关申领出口货物报关单出口退税证明联，有关出口货物发货人凭以向国家税务管理部门申请办理出口货物退税手续。对不属于退税范围的货物，海关均不予签发该联。

三、进出口货物报关单的法律效力

进出口货物报关单及其他进出境报关单（证）在对外经济贸易活动中具有十分重要的法律效力，是货物的收发货人向海关报告其进出口货物实际情况及适用海关业务制度、申请海关审查并放行货物的必备法律文书。其既是海关对进出口货物进行监管、征税、统计以及开展稽查、调查的重要依据，又是出口退税和外汇管理的重要凭证，也是海关处理进出口货物走私、违规案件及税务、外汇管理部门查处骗税、逃套汇犯罪活动的重要书证。因此，申报人对所填报的进出口货物报关单的真实性、准确性、完整性和规范性应承担法律责任。

四、报关单填制的一般要求

（一）如实申报

报关人必须按照《海关法》、《中华人民共和国海关进出口货物申报管理规定》和《中华人民共和国海关进出口报关单填制规范》的有关规定和要求，向海关如实申报。

（二）两个相符

报关单的填报必须真实，做到"两个相符"：一是"单证相符"，即所填报关单各栏目的内容必须与合同、发票、装箱单、提单以及批文等随附单据相符；二是"单货相符"，即所填报关单各栏目的内容必须与实际进出口货物的情况相符，不得伪报、瞒报、虚报。

（三）准确、齐全、完整、清楚

报关单的填报要准确、齐全、完整、清楚，报关单各栏目内容要逐项详细准确填报，字迹清楚、整洁、端正，不得用铅笔或红色复写纸填写；若有更正，必须在更正项目上加盖校对章。

（四）分单填报

下列情况均应分单填报，即分别填报一份报关单：

1）不同批文或许可证以及不同合同的货物。

2）同一批货物中不同贸易方式的货物。

3）不同备案号的货物。

4）不同提运单的货物。

5）不同征免性质的货物。

6）不同运输方式或相同运输方式但不同航次或不同运输工具名称的货物。

7）不同原产地证书的货物。

8）享受不同税收优惠的货物。

（五）分项填报

在反映进出口商品情况的项目中，下列情况应分项填报：

1）不同商品编码的商品。

2）不同商品名称的商品。

3）不同原产国（地区）/最终目的国（地区）的商品。

一张报关单最多可填报 5 项商品，一份报关单最多可填报 20 项商品。

（六）更改与撤销

已向海关申报的进出口货物报关单，如原填报内容与实际进出口货物不一致而又有正当理由的，申报人应向海关递交书面更正申请，经海关核准后，对原填报的内容进行更改或撤销。

五、报关单填制的法律责任

进出境货物的收发货人或其代理人向海关申报时，必须填写并向海关递交进出口货物报关单。申报人在填制报关单时，应当依法如实向海关申报，对申报内容的真实性、准确性、完整性和规范性承担相应的法律责任。

《中华人民共和国海关行政处罚实施条例》第十五条规定：进出口货物的品名、税则号列、数量、规格、价格、贸易方式、原产地、起运地、运抵地、最终目的地或者其他应当申报的项目未申报或者申报不实的，分别依照下列规定予以处罚，有违法所得的，没收违法所得：

1）影响海关统计准确性的，予以警告或者处 1000 元以上 1 万元以下罚款。

2）影响海关监管秩序的，予以警告或者处 1000 元以上 3 万元以下罚款。

3）影响国家许可证件管理的，处货物价值 5%以上 30%以下罚款。

4）影响国家税款征收的，处漏缴税款 30%以上 2 倍以下罚款。

5）影响国家外汇、出口退税管理的，处申报价格 10%以上 50%以下罚款。

报关企业因对委托人所提供情况的真实性未进行合理审查，或者因工作疏忽发生上述情况的，海关可以对报关企业处货物价值 10%以下罚款，暂停其 6 个月以内从事报关业务或者执业；情节严重的，撤销其报关注册登记、取消其报关从业资格（《中华人民共和国海关行政处罚实施条例》第十七条）。

另外，根据现已实施的《中华人民共和国海关对报关员记分考核管理办法》的规定，对报关员出现报关单填制不规范，但没有违反海关监管规定，以及违反海关监管规定或者有走私行为未被海关暂停执业、撤销报关从业资格的报关员，海关予以记分、考核。记分分值达到 30 分的报关员，海关中止其报关员证效力，不再接受其办理报关手续。报关员应当参加注册登记地海关的报关业务岗位考核，经岗位考核合格之后，方可重新上岗。

第二节　进出口货物报关单的填报

报关员无论是采用电子报关单，还是采用纸质报关单向海关申报时，都应当按照《中华人民共和国海关进出口货物申报管理规定》和《中华人民共和国海关进出口货物报关单填制规范》（以下简称《报关单填制规范》）的要求，参照进出口货物的贸易（货运）资料，完整、准确、有效地填制进出口货物报关单。

报关单共有 43 个栏目，其中"税费征收情况"、"海关审单、批注及放行日期（签章）"栏目由海关负责外，其他栏目均由报关员填写。

本节将以 H2000 通关系统为主介绍一般进出口货物报关单各栏目的填制规范。

网络链接

《中华人民共和国海关进出口货物报关单填制规范》可链接
http://www.customs.gov.cn/tabid/3413/default.aspx

一、预录入编号

预录入编号是指预录入单位录入报关单的编号。预录入编号规则由接受申报的海关决定，计算机自动打印。

二、海关编号

海关编号是指海关接受申报时给予报关单的 18 位数编号，一般来说就是预录入编号，由计算机自动打印，不需填写。一份报关单对应一个海关编号。进、出口报关单分别编号，确保同一公历年能按进/出口唯一地标志本关区的每一份报关单。

【例 5.1】　　5 3 0 2 2 0 0 7 0　2 1 5 5 1 4 0 4 9

关区代码　　年份　进出口标志　顺序编号

注：进出口标志"1"为进口，"0"为出口；集中申报清单"I"为进口，"E"为出口。

三、进（出）口口岸

进（出）口口岸亦称关境口岸，本指国家对外开放的港口及边界关口，但在进出口货物报关单中，进口口岸和出口口岸特指海关名称。

本栏目填报货物实际进（出）我国关境的口岸海关的名称及代码。

> **小提示**
>
> 海关通关系统常用代码表可查阅当年海关总署政策法规司编制的《中国海关报关使用手册》。

【例 5.2】　　货物于 2011 年 6 月 20 日运抵口岸，当日向黄埔海关新港办（关区代码为 5202）办理进口申报手续。

进口口岸填报为：

进口口岸
黄埔新港办 5202

【例 5.3】　　货物于 2011 年 6 月 8 日在宜昌海关（宜昌海关代码为 4701）申报出口，6 月 10 日装载货物的海轮从上海吴淞口出运（吴淞海关代码为 2202）。

出口口岸填报为：

出口口岸
吴淞海关 2202

四、备案号

备案号是指进出口货物收发货人办理报关手续时，应向海关递交的备案审批文件的编号。例如，加工贸易手册编号、加工贸易电子账册编号、征免税证明编号、实行优惠贸易协定项下原产地证书联网管理的原产地证书编号、适用 ITA 税率的商品用途认定证明编号等。

（一）备案号标记

备案号长度为 12 位，其中第 1 位为备案或审批文件的标记（备案或审批文件标记代码表见表 5.1）。

【例 5.4】　C 0 2 0 2 9 0 0 0 0 1 9

进料加工　新港海关　2009　列第 19 号

（二）填报要求

本栏目填报相关进出口货物的备案审批文件的编号。

【例 5.5】　某公司进口纯棉花布 10 000 米，其中 6000 米用于加工产品后再出口，并事先在海关备案取得手册 C04025004321；而另外的 4000 米用于加工产品在国内销售。

备案号栏填报为：

| 备案号 |
| C04025004321 |

注：另外 4000 米是非备案商品，属于一般贸易，应该另外填写报关单申报。

【例 5.6】　天津华海勘测服务有限公司在投资总额内进口泥浆泵，向海关申请取得 Z02024A50706 号征免税证明。泥浆泵随其他设备同批进口，单独向海关作出申报。

备案号栏填报为：

| 备案号 |
| Z02024A50706 |

（三）注意事项

注意事项有：

1）备案号的标记代码（见表 5.1）必须与"贸易方式"、"征免性质"、"征免"、"用途"及"项号"等栏目相协调。

2）一份报关单只允许填报一个备案号。

3）无备案审批文件的报关单此栏目免于填报。

4）同一批进出口货物中包含有不同的备案商品应该分单填报。

表 5.1　备案或审批文件标记代码

首位代码	备案审批文件	首位代码	备案审批文件
B	加工贸易手册（来料加工）	RZ	减免税进口货物结转联系函，
C	加工贸易手册（进料加工）	H	出口加工区电子账册
D	加工贸易不作价设备	J	保税仓库记账式电子账册
E	加工贸易电子账册	K	保税仓库备案式电子账册
F	加工贸易异地报关分册	Y	原产地证书
G	加工贸易深加工结转异地报关分册	Z	征免税证明
RT	减免税进口货物同意退运证明	RB	减免税货物补税通知书

五、进口日期/出口日期

进口日期是指运载所申报进口货物的运输工具申报进境的日期。出口日期是指运载所申报出口货物的运输工具办结出境手续的日期。

（一）填报要求

填报要求为：

1）"进口日期"栏目填报运载所申报货物的运输工具申报进境的日期。

2）"出口日期"栏目供海关打印报关单证明联用，报关单均免于填报。

3）无实际进出境的报关单填报海关接受申报的日期。

4）本栏目为 8 位数字，顺序为年（4 位）、月（2 位）、日（2 位）。

【例 5.7】　运输工具载运货物于 2011 年 7 月 16 日向黄埔海关新港办申报进境。

进口日期应填报为：

进口日期
20110716

（二）注意事项

注意事项有：

1）进口货物收货人或其代理人在进口申报时无法确知相应的运输工具的实际进境日期时，"进口日期"栏允许为空。

2）进口货物收货人或其代理人未申报进口日期，或申报的进口日期与运输工具负责人或其代理人向海关申报的进境日期不符的，应以运输工具申报进境的日期为准。

3）对集中申报的报关单，进口日期以海关接受报关申报的日期为准。

六、申报日期

申报日期是指海关接受进出口货物的收发货人或受其委托的报关企业向海关申报货物进出口的日期。

以电子数据报关单方式申报的，申报日期为海关计算机系统接受申报数据时记录的日期。以纸质报关单方式申报的，申报日期为海关接受纸质报关单并对报关单进行登记处理的日期。

本栏目在申报时免予填报。

七、经营单位

经营单位是指经国家外经贸主管部门及其授权部门核准，并已在海关注册登记，有权在一定的范围内从事对外经济贸易进出口经营活动的法人、其他组织和个人。

进出口货物报关单中的经营单位专指对外签订并执行进出口贸易合同的我国境内企业、单位或者个人的名称及海关注册编号。

（一）经营单位编码

经营单位编码，指经营单位向所在地主管海关办理注册登记手续时，海关为之设置的注册登记编码。（经营单位编码结构图见图5.1。）经营单位编码为10位数字，其结构如下：

1）第1位至第4位数为进出口单位属地的行政区划代码。

第1、2位数表示省、自治区、直辖市；第3、4位数表示省辖市（地区、省直辖行政单位）。例如，北京西城区为1102、广州市为4401等。

如果第3、4位用"90"的，则表示未列名的省直辖行政单位。

2）第5位数为市内经济区划代码。

"1"——表示经济特区（深圳特区可用"0"）。

"2"——表示经济技术开发区和上海浦东新区、海南洋浦经济开发区。

"3"——表示高新技术产业开发区。

"4"——表示保税区。

"5"——表示出口加工区。

"6"——表示保税港区，包括已被整合到综合保税区或保税港区内的出口加工区、保税物流园区、保税区或保税物流中心。

"7"——表示保税物流园区。

"9"——表示其他。

例如，珠海市为4404，细分为：珠海特区为44041，珠海保税区为44044，珠海国家高新技术产业开发区为44043，珠澳跨境工业区珠海园区为44045（使用出口加工区代码），珠海市其他地区为44049。其他四个特区（厦门、深圳、汕头、海南）内同样分别设有经济技术开发区、高新技术产业开发区或保税区等，第5位数为"1"或"0"的经营单位编码实际上只表示列名经济特区的一部分辖区。

3）第6位数为进出口企业经济类型代码。

"1"——表示有进出口经营权的国有企业。

"2"——表示中外合作企业。

"3"——表示中外合资企业。

"4"——表示外商独资企业。

"5"——表示有进出口经营权的集体企业。

"6"——表示有进出口经营权的私营企业。

"7"——表示有进出口经营权的个体工商户。

"8"——表示有报关权而没有进出口经营权的企业。

"9"——表示其他，包括外国驻华企事业机构、外国驻华使领馆和临时进出口货物的企业、单位和个人等。

4）第7位至第10位数为顺序编号。

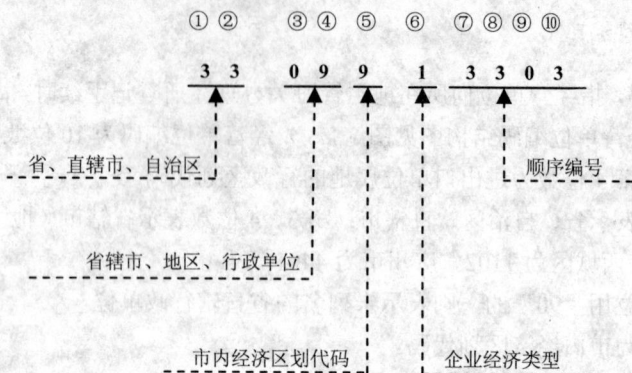

图 5.1　经营单位编码结构图

（二）填报要求

填报要求为：

1）"经营单位"栏应填报经营单位的中文名称及编码。

【例 5.8】　上海兰生股份有限公司（3101935039）进口木材一批。

经营单位栏填报为：

经营单位
上海兰生股份有限公司 3101935039

2）有代理报关资格的报关企业代理其他进出口企业办理进出口报关手续时，填报委托的进出口企业的名称及海关注册编码。

【例 5.9】　汕头东方贸易公司（4405111023）委托腾迪国际货运有限公司办理出口服装的报关事宜。

经营单位栏填报为：

经营单位
汕头东方贸易公司 4405111023

3）进出口企业之间相互代理进出口，或没有进出口经营权的企业委托有进出口经营权的企业代理进出口的，"经营单位"栏填报代理方中文名称及编码。

【例 5.10】　上海城建局委托上海土产进出口公司（3101915031）进口黄桐木材。

经营单位栏填报为：

经营单位
上海土产进出口公司 3101915031

【例 5.11】　大连万凯化工贸易公司（210291××××）代理大连万凯化工有限公司（210225××××）对外签约出口三氯硝基甲烷。

经营单位栏填报为：

> 经营单位
> 大连万凯化工贸易公司 210291××××

4）外商投资企业委托外贸企业进口投资总额以内设备、物品的（监管方式为合资合作设备"2025"、外资设备物品"2225"），"经营单位"栏填报外商投资企业的中文名称及编码，并在"标记唛码及备注"栏注明"委托××公司进口"。

外商投资企业委托外贸企业进口生产用原材料，应视同一般委托，其经营单位应填报外贸企业及其海关编码。

【例5.12】 上海协通针织有限公司（3101935039）委托上海机械进出口（集团）公司（310111××××）进口"圆形针织机"5台。

"经营单位栏"应填报为：

> 经营单位
> 上海协通针织有限公司 3101935039

同时，应在"标记唛码及备注"栏注明：

> 标记唛码及备注
> 委托上海机械进出口（集团）公司进口 310111××××

【例 5.13】 中外合资沈阳贝沈钢帘有限公司 （210123××××）使用自有资金，委托上海新元五矿贸易公司（310591××××）进口镀黄铜钢丝。

"经营单位栏"应填报为：

> 经营单位
> 上海新元五矿贸易公司 310591××××

5）援助、赠送、捐赠的货物，"经营单位"栏填报直接接受货物的单位的中文名称及编码。

【例5.14】 湖北省民政厅接受香港捐赠的御寒物资一批。

"经营单位"栏应填报为：

> 经营单位
> 湖北省民政厅 4201990000

注："4201990000"为临时经营单位编码

（三）注意事项

注意事项有：

1）经营单位编码第6位数为"8"的单位是只有报关权而没有进出口经营权的企业，不得作为经营单位填报。例如，珠海市报关公司（4404180001）。

2）境外企业不得作为经营单位填报。

对于委托我驻港澳机构成交的货物，国内委托人为经营单位（中国境内法人）。

【例 5.15】　上海汽车进出口公司委托香港大兴汽车进出口公司进口汽车。

经营单位栏应填报为：

> 经营单位
> 　　上海汽车进出口公司×××××××××××

3）合同的签订者和执行者不是同一企业的，经营单位应按执行合同的企业填报。

【例 5.16】　中国化工进出口总公司对外统一签约，而由辽宁省化工进出口公司负责合同的具体执行。

经营单位栏应填报为：

> 经营单位
> 　　辽宁省化工进出口公司×××××××××

八、运输方式

运输方式是指国际贸易买卖双方就进出口货物交接、交换所磋商决定可采用的运输方式。进出口货物报关单所列的"运输方式"栏专指载运货物进出关境所使用的运输工具的分类，即海关规定的运输方式。

（一）海关规定的运输方式

海关规定的运输方式可分为两大类：实际运输方式和特殊运输方式。

1. 实际运输方式

海关规定的实际运输方式专指用于载运货物实际进出关境的运输方式，按进出境所使用的运输工具分类，主要有：水路运输；铁路运输；公路运输；航空运输；邮件运输；其他运输，主要指采用人力、兽力、输油管道、输水管道、输送带和输电网络等方式输送进出口货物的运输方式。

海关规定的实际运输方式用于载运实际进出关境的货物。进境货物的运输方式，按货物运抵我国关境第一个口岸时的运输方式填报；出境货物的运输方式，按货物运离我国关境最后一个口岸时的运输方式填报。

2. 特殊运输方式

海关规定的特殊运输方式仅指没有实际进出境的运输方式。按货物在境内的流向分类，其包括以下 10 种情况：

1）境内非保税区运入保税区货物和保税区退区的。

2）境内存入出口监管仓库和出口监管仓库退仓的。

3）保税区运往境内非保税区的。

4）保税仓库转内销的。

5）出口加工区与境内区外之间进出的。

6）从境内保税物流中心外运入保税物流中心或从保税物流中心运往境内非保税物流中心外的。

7）从境内（指国境内特殊监管区域之外）运入保税物流园区或从保税物流园区运往境内的。

8）从保税港区（不包括直通港区）运往境内区外和境内区外运入保税港区的。

9）从境内运入边境特殊海关作业区。

10）其他没有实际进出境的。

> **议一议**
>
> 海关规定的运输方式与国际货物运输方式有何联系与区别？

（二）填报要求

1. 一般规则下的填报要求

一般规则下的填报要求为：

1）本栏目应根据货物实际进出境的运输方式或货物在境内流向的类别按海关规定的"运输方式代码表"（运输方式代码表及说明见表5.2）选择填报相应的运输方式名称或代码。

2）进境货物按货物运抵我国关境第一口岸时的运输方式填报；出境货物按货物运离我国关境最后一个口岸时的运输方式填报。

【例5.17】 天津某进口公司进口一批货物，国外提供的货运单据上显示：FROM TOKYO TO TIANJIN PER DANU BHUM/013S。

运输方式栏目应填报：

运输方式
水路运输（2）

【例5.18】 潮州东亚进出口有限公司出口一批瓷器到欧洲某国，9月4日该公司向潮州海关办理出口报关手续后，货物由该公司属下瓷器厂装车运往深圳装船出运。

运输方式栏目应填报：

运输方式
水路运输（2）

表5.2 运输方式代码表及说明

代码	名称	运输方式说明
0	非保税区	非保税区运入保税区和保税区退区
1	监管仓库	境内存入出口监管仓库和出口监管仓库退仓
2	水路运输	
3	铁路运输	
4	公路运输	
5	航空运输	
6	邮件运输	
7	保税区	保税区运往境内非保税区
8	保税仓库	保税仓库转内销
9	其他运输	人扛、驮畜、输水管道、输油管道、输电网等方式

续表

代码	名称	运输方式说明
W	物流中心	从境内保税物流中心外运入保税物流中心或从保税物流中心运往境内非保税物流中心
X	物流园区	从境内特殊监管区域之外运入园区内或从保税物流园区运往境内
Y	保税港区	保税港区（不包括直通港区）运往区外和区外运入保税港区
Z	出口加工	出口加工区运往加工区外和区外运入出口加工区（区外企业填报）
H	边境特殊海关作业区	境内运入深港西部通道港方口岸区

2. 特殊情况下的填报要求

特殊情况下的填报要求为：

1）进口转关运输货物，按载运货物抵达进境地的运输工具填报；出口转关运输货物，按载运货物驶离出境地的运输工具填报。

2）非邮件方式进出口的快件，按实际进出境运输方式填报。

3）无实际进出境货物在境内流转时的填报应按照《报关单填制规范》的具体规定填报。

（三）注意事项

注意事项有：

1）运输方式为保税区（代码为7）和保税仓库（代码为8）仅适用于保税区和保税仓库转内销货物进口报关单的本栏的填报，不得用于出口报关单。

2）运输方式代码为"0、1、7、8、Z、W、X、Y、H"的，其进口报关单的"起运国（地区）"栏、出口报关单的"运抵国（地区）"栏应填报"中国"（142）。

3）不复运出（入）境而留在境内（外）销售的进出境展览品、留赠转卖物品等，填报"其他运输"（代码为9）。

九、运输工具名称

本栏目填报载运货物进出境的运输工具名称（或编号）和航次编号。

运输工具是指从事国际（地区）间运营业务进出关境和境内载运海关监管货物的工具。航次是指船舶、飞机等出航编排的次第。航次号是指载运货物进出境的运输工具的航次编号。

进出口货物报关单上的运输工具名称栏目专指载运货物进出境所使用的运输工具的名称（或编号）以及载运货物进出境的运输工具的航次编号。

（一）填报要求

填报要求为：

1）水路运输填报船舶英文名称或者船舶编号（来往港澳小型船舶为监管簿编号）+"/"+航次号，即运输工具名称或编号+"/"+航次号。

2）公路运输填报该跨境运输车辆的国内行驶车牌号+"/"+8位进出境日期［顺序为年（4位）、月（2位）、日（2位），下同］。

3）铁路运输填报车厢编号或交接单号+"/"+8位进出境日期。

4）航空运输填报航班号。

5）邮件运输填报邮政包裹单号+"/"+8位进出境日期。

6）其他运输填报具体运输方式名称。例如，管道、驮畜等。

【例5.19】 四川某公司从美国进口皮革一批于2011年3月16日运抵上海（FROM NEW YORK TO SHANGHAI　PER BO HAI/BO988）

运输工具名称栏填报为：

运输工具名称
BO HAI / BO988

【例5.20】 广州旭日电子有限公司从马来西亚进口电子器材一批，2011年7月5日货物于香港装车（40′集装箱，车牌号为粤ZGN74港）经黄岗运往广州。

运输工具名称栏填报为：

运输工具名称
粤 ZGN74 港 / 20110705

（二）转关运输货物报关单填报要求

1. 进口转关运输

本栏目适用进口转关运输的填报要求如表5.3所示。

表 5.3　进口转关运输的填报要求

填报内容　运输方式	直转、提前报关填报		中转填报	
	运输工具	航次号	运输工具	航次号
水路运输(2)	@＋16位转关运输申报单录入号（或13位载货清单号）	—	进境船舶英文名称	@ ＋航次号
航空运输(5)			@	—
公路运输(4)			—	
其他运输(9)			—	
铁路运输(3)	@＋16位转关运输申报单预录入号	@ ＋8位进境日期	车厢编号	

注：以上各种运输方式使用广东地区载货清单转关的货物的提前报关填报"@"＋13位载货清单号；其他地区货物提前报关免予填报。

2. 出口转关运输

本栏目适用出口转关运输的填报要求如表5.4。

表 5.4　出口转关运输的填报要求

填报内容　运输方式	直转、提前报关填报		中转填报	
	运输工具	航次号	运输工具	航次号
水路运输(2)	①@＋16位转关运输申报单预录入号（或13位载货清单号）②如多张报关单需通过一张转关单转关的，填报"@"	—	境内驳船船名	境内驳船航次号
航空运输(5)			—	
铁路运输(3)				6位起运日期
公路运输(4)			—	
其他运输(9)			—	

注：①水路运输通过境内铁路运输中转的，"运输工具"栏填报车名［主管海关4位关别代码＋"TRAIN"］，"航次号"栏填报6位起运日期；
②通过境内公路运输中转的，"运输工具"填报车名[主管海关4位关别代码＋"TRUCK"]，"航次号"栏填报6位起运日期。

（三）集中申报货物报关单填报要求

进出口货物采用"集中申报"通关方式办理报关手续的，报关单本栏目填报"集中申报"。

（四）无实际进出境的货物报关单填报要求

无实际进出境的货物，报关单本栏为空。

十、提运单号

提运单号是指进出口货物提单或运单的编号。进出口货物报关单所列的"提运单号"栏，主要是填报这些运输单证的编号。其主要包括：

1）提单（海运提单）号。

2）运单号（包括铁路运单号、航空运单号）。

3）海运单号。

（一）填报要求

1. 直接在出入境地办理报关手续的填报

直接在出入境地办理报关手续的填报如表 5.5 所示。

表 5.5　直接在出入境地办理报关的填报要求

运输方式	填 报 要 求
水路运输	①填报进出口提单号
	②有分提运单的，填报进出口提运单号＋"*"＋分提运单号
公路运输	免于填报
铁路运输	填报运单号
航空运输	①填报总运单号（11 位）＋"_"（下划线）＋分运单号（8 位）
	②无分运单的填报总运单号。
邮政运输	填报邮运包裹单号
无实际进出境	免于填报

2. 进口转关运输

进口转关运输货物的填报如表 5.6 所示。

表 5.6　进口转关运输货物的填报要求

运输方式	填 报 要 求	
	直转、中转报关	提前报关
水路运输	填报提单号	免予填报
铁路运输	填报铁路运单号	免予填报
航空运输	填报总运单号 ＋"_"＋ 分运单号	免予填报
其他运输方式	本栏为空	

注：以上各种运输方式进境的货物，在广东省内用公路运输转关的，填报车牌号。

3. 出口转关运输

出口转关运输货物的填报如表 5.7 所示。

表 5.7 出口转关运输货物的填报要求

运输方式	填报要求
水路运输	中转货物填报提运单号，非中转运输免予填报
其他运输方式	免予填报
广东省内用公路运输提前报关的转关货物，填报承运车辆的车牌号	

4. 集中申报货物的填报

采用"集中申报"通关方式办理报关手续的，报关单的"提运单号"栏应填报归并的集中申报清单的 8 位进出起止日期。例如，2011 年 1 月 15 日至 2011 年 2 月 4 日，应填报为：20110 11520110204。

5. 无实际进出境货物的填报

无实际进出境的货物，本栏免予填报。

（二）注意事项

注意事项有：

1）一份报关单只允许填写一个提运单号。一批货物对应多个提运单时，应分单填报。

2）提运单号必须与运输部门向海关提供的载货清单所列相应内容一致（包括数码、英文大小写、符号、空格等）。

十一、收货单位/发货单位

收货单位是指已知的进口货物在境内的最终消费、使用单位，包括自行从境外进口货物的单位和委托进出口企业进口货物的单位。

发货单位是指出口货物在境内的生产或销售单位，包括自行出口货物的单位和委托进出口企业出口货物的单位。

（一）填报要求

收、发货单位有海关注册编码或加工企业编码的，本栏必须填报其中文名称及编码；没有编码的，填报其中文名称。

（二）收货单位/发货单位与经营单位的关系

发货单位/发货单位与经营单位的关系为：

1）自行进、出口货物的收货单位/发货单位与经营单位相同。

2）外商投资企业委托外贸企业进口投资设备、物品的，收货单位与经营单位相同。

3）其他委托进出口企业进、出口货物的收货单位/发货单位与经营单位不一致，应填报被委托单位。

【例 5.21】 万威微型电机大连有限公司（2102245678）出口机电产品。

发货单位栏目填报为：

> 发货单位
> 万威微型电机大连有限公司 2102245678

【例5.22】 中外合资沈阳贝沈钢帘有限公司（210123××××）使用自有资金，委托上海新元五矿贸易公司（310591XXXX）进口镀黄铜钢丝。

收货单位栏目填报为：

> 收货单位
> 沈阳贝沈钢帘有限公司 210123××××

【例5.23】 浙江江南服装进出口公司（3313910194）在对口合同项下进口蓝湿牛皮，委托浙江好嘉皮革有限公司（3313920237）加工牛皮沙发革。

收货单位栏目填报为：

> 收货单位
> 浙江好嘉皮革有限公司 3313920237

（三）注意事项

注意事项有：

1）进口货物的最终消费、使用单位难以确定的，填报货物进口时预知的最终收货单位；出口货物的生产或销售单位难以确定的，填报最早发运该出口货物的单位。

2）加工贸易报关单的收、发货单位应与加工贸易手册的"经营企业"或"加工企业"一致。

3）减免税货物报关单的收、发货单位应与征免税证明的"申请单位"一致。

十二、贸易方式（监管方式）

进出口货物报关单上所列的贸易方式专指以国际贸易中进出口货物的交易方式为基础，结合海关对进出口货物监督管理综合设定的对进出口货物的管理方式，即海关监管方式。

（一）贸易方式（监管方式）代码

海关对不同监管方式下进出口货物的监管、征税、统计作业的要求不尽相同，因此海关监管方式代码采用4位数字结构，其中前两位是按海关监管要求和计算机管理需要划分的分类代码，后两位为海关统计代码。例如：一般贸易（0110）；来料加工（0214）；进料对口（0615）；合资合作设备（2025）；暂时进出货物（2600）；无代价抵偿（3011）；货样广告品A（3010）；退运货物（4561）直接退运（4500）；其他（9900）等。

（二）填报要求

根据实际情况，按海关规定的"贸易方式代码表"选择填报相应的贸易方式简称及代码。

【例5.24】 宁波新达电气有限公司（3302940141）于2010年4月24日进口一批用于生产风力发电机的螺栓和垫圈。

贸易方式栏填报为：

贸易方式
一般贸易 0110

【例5.25】 某合资公司进口布料10 000米，其中6000米用于加工服装出口（持有手册C×××××××××××），另外4000米用于加工服装在国内销售。

应填报两份报关单。

1）6000米用于加工出口填报为：

贸易方式
进料对口 0615

2）4000米用于加工内销填报为：

贸易方式
一般贸易 0110

（三）注意事项

注意事项有：

1）一份报关单只允许填报一种贸易方式。

2）海关特殊监管区域内企业填制的进（出）境货物备案清单应选择填报相应的贸易方式简称或代码。

十三、征免性质

征免性质是指海关根据《海关法》、《进出口关税条例》及国家有关政策对进出口货物实施的征、减、免税管理的性质类别。

（一）常见的征免性质及其代码

征免性质共有40种，常见的有：一般征税（101）；加工设备（501）；来料加工（502）；进料加工（503）；中外合资（601）；中外合作（602）；外资企业（603）；鼓励项目（789）；自有资金（799）等。

（二）填报要求

本栏目应按照海关核发的征免税证明中批注的征免性质填报，或根据进出口货物的实际情况，参照"征免性质代码表"选择填报相应的征免性质简称及代码。

【例5.26】 宁波新达有限公司2009年5月25日出口一批家用电器。

征免性质填报为：

征免性质
一般征税 101

【例5.27】 天津华海勘测服务有限公司（120722××××）在投资总额内进口泥浆泵，向海关申请取得Z02024A50706号征免税证明。泥浆泵随其他设备同批进口，单独向海关作出申报。

征免性质填报为：

> 征免性质
> 中外合作　602

（三）注意事项

注意事项有：

1）一份报关单只允许填报一种征免性质，涉及多个征免性质的，应分单填报。

2）加工贸易货物（包括保税工厂经营的加工贸易）应按海关核发的加工贸易手册中批注的征免性质填报相应的征免性质简称及代码。

【例 5.28】万威微型电机大连有限公司持 C09033401543 加工贸易手册进口第一项塑料垫圈（备案号首位字母"C"表示该贸易为进料加工）。

征免性质填报为：

> 征免性质
> 进料加工　503

议一议

本例中，报关单的贸易方式栏目填报为"进料加工"对吗？

3）加工贸易转内销货物，按实际应享受的征免性质填报，如"一般征税"、"科教用品"、"其他法定"等。

4）料件退运出口、成品退运进口的货物填报"其他法定"。

5）加工贸易结转货物，本栏目为空。

6）"征免性质"栏目的填报时，必须与"贸易方式"和"备案号"栏目填报内容相适应。进口和出口报关单主要贸易方式，备案号、征免性质的对应关系分别见表 5.8 和表 5.9。

表 5.8　进口报关单主要贸易方式，备案号、征免性质的对应关系

贸易方式	备案号首位	征免性质
一般贸易（0110）	—1	一般征税（101）
	Z	科教用品
		鼓励项目（789）（内资企业适用）
		自有资金（799）
来料加工（0214）	B	来料加工（502）
进料对口（0615）	C	进料加工（503）
合资合作设备（2025）	Z	中外合资（601）
		中外合作（602）
		鼓励项目（789）
		一般征税（101）
外资设备物品（2225）	Z	外资企业（603）
	Z	鼓励项目（789）
	—	一般征税（101）
不作价设备	D	加工设备（501）
加工贸易设备（作价）	—	一般征税（101）
二无代价抵偿（3100）	—	其他法定（299）

表 5.9　出口报关单主要贸易方式、备案号、征免性质的对应关系

贸易方式（代码）	备案号	征免性质（代码）	说明
一般贸易（0110）	—	一般征税（101）	
		中外合资（601）	三资企业使用国产料件加工的产品出口
		中外合作（602）	
		外资企业（603）	
来料加工（0214）	B	来料加工（502）	来料加工的成品出口
进料对口（0615）	C	进料加工（503）	进料加工的成品出口
无代价抵偿（3100）	—	其他法定（299）	无代价抵偿出口货物

如上述例 5.26，宁波新达有限公司出口家用电器，其出口货物报关单中征免性质栏目为"一般征税（101）"，则贸易方式栏目即为"一般贸易（0110）"。

又如上述例 5.27，天津华海勘测服务有限公司（120722××××）在投资总额内进口泥浆泵，单独向海关作出申报，其进口货物报关单中征免性质为"中外合作（602）"，则贸易方式栏目即为"合资合作设备（2025）"。

十四、征税比例/结汇方式

征税比例用于原"进料非对口"贸易方式下进口料件的进口货物报关单。结汇方式是指出口货物的发货人或其代理人收结外汇的方式。

进口货物报关单免予填报征税比例栏目。

出口报关单填报结汇方式，不得为空。应按照海关规定的"结汇方式代码表"（见表 5.10）选择填报相应的结汇方式名称或代码。出口货物不需结汇的，填报"其他"。

【例 5.29】　结汇方式填报为：

> 结汇方式
> 　　信用证　（6）

表 5.10　结汇方式代码

代码	结汇方式	英文缩写	英文名称
1	信汇	M/T	Mail Transfer
2	电汇	T/T	Telegraphic Transfer
3	票汇	D/D	Remittance by Banker's Demand Draft
4	付款交单	D/P	Documents against Payment
5	承兑交单	D/A	Documents against Acceptance
6	信用证	L/C	Letter of Credit
7	先出后结		
8	先结后出		
9	其他		

十五、许可证号

本栏所涉及的填报内容，包括进（出）口许可证、两用物项和技术进（出）口许可证、两用物项和技术进（出）口许可证（定向）、出口许可证（加工贸易）、出口许可证（边境小额贸易）的编号。

（一）许可证号的组成

进出口许可证号的组成为××—××—××××××，第 1、2 位代表年份，第 3、4 位代表发证机关（AA 代表商务部配额许可证事务局发证，AB、AC 等代表特派员办事处发证，01、02 等代表商务部授权各省、自治区、直辖市等主管部门发证），后 6 位为顺序号。

【例 5.30】　　进出口许可证号为：　　　　09—AA—101888

　　　　　　　　　　　　　　　　　　　　　　　年份　发证机关　顺序号

（二）填报要求

填报要求为：

1）一份报关单只允许填报一个许可证号。

2）非许可证管理商品本栏目为空。

《监管证件代码表》（见表 5.11）中除代码为 1、2、3、4、G、x、y 的监管证件外，都属于其他许可证件，其代码和编号应填在"随附单据"栏，不能填在许可证号栏。

表 5.11　监管证件代码

代码	监管证件名称	代码	监管证件名称
1*	进口许可证	2	两用物项和技术进口许可证
3	两用物项和技术出口许可证	4*	出口许可证
6	旧机电产品禁止进口	7*	自动进口许可证
8	禁止出口商品	9	禁止进口商品
A*	入境货物通关单	B*	出境货物通关单
D	出/入境货物通关单（毛坯钻石用）	E*	濒危物种允许出口证明书
F*	濒危物种允许进口证明书	G	两用物项和技术出口许可证（定向）
I	精神药物进（出）口准许证	J	黄金及其制品进出口准许证或批件
L	药品进出口准许证	M	密码产品和设备进口许可证
O*	自动进口许可证（新旧机电产品）	P*	固体废物进口许可证
Q	进口药品通关单	R	进口兽药通关单
S	进出口农药登记证明	T	银行调运现钞进出境许可证
W	麻醉药品进出口准许证	X	有毒化学品环境管理放行通知单
Y*	原产地证明	Z	音像制品进口批准单或节目提取单
e	关税配额外优惠税率进口棉花配额证	q	国别关税配额证明
t	关税配额证明	v*	自动进口许可证（加工贸易）
x	出口许可证（加工贸易）	Y	出口许可证（边境小额贸易）

十六、起运国（地区）/运抵国（地区）

（一）含义

1. 起运国（地区）

起运国（地区）是指进口货物起始发出直接运抵我国的国家或地区，或者在运输中转国（地区）未发生任何商业性交易的情况下运抵我国的国家或地区。

【例 5.31】 深圳粮油进出口公司从美国进口大豆 1000 公吨，货物从旧金山装集装箱船直接运抵深圳盐田港。则起运国为美国（见图 5.2）。

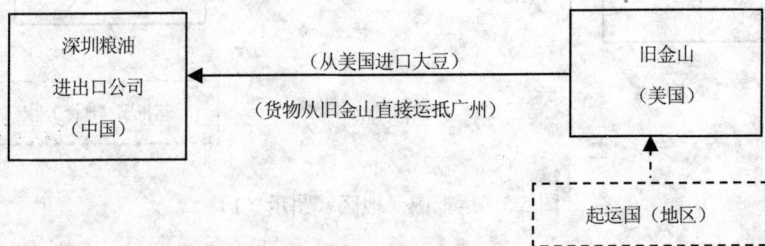

图 5.2 起运国（地区）图示（1）

【例 5.32】上例中，若货物从旧金山装集装箱船经香港中转运抵深圳，在中转地香港并没有任何商业性交易的情况发生。则起运国仍为美国（见图 5.3）。

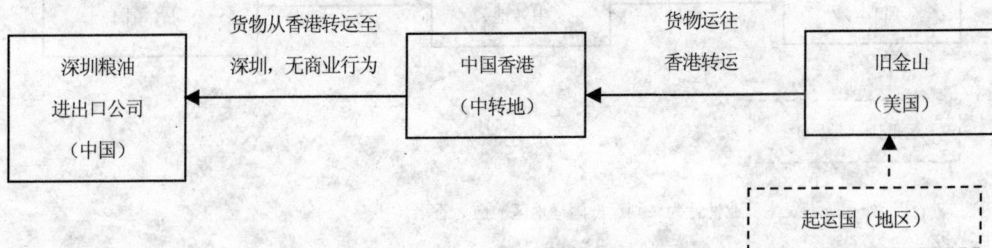

图 5.3 起运国（地区）图示（2）

【例 5.33】 深圳粮油进出口公司与香港客户达成一笔进口大豆的交易。货物从旧金山装船起运，经香港中转运抵广州。则起运国应为香港（见图 5.4）。

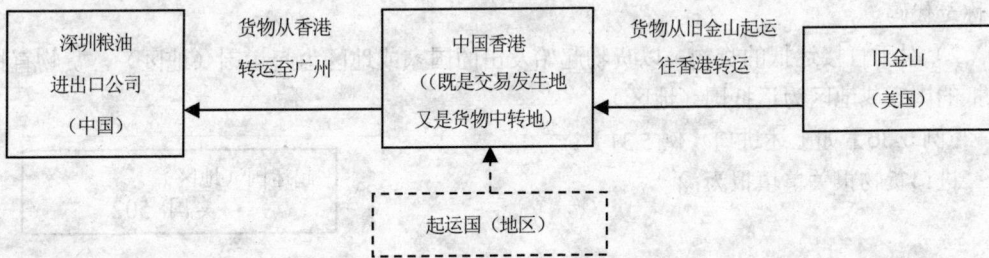

图 5.4 起运国（地区）图示（3）

2. 运抵国（地区）

运抵国（地区）是指出口货物离开我国关境直接运抵的国家或地区，或者在运输中转国（地区）未发生任何商业性交易的情况下最后运抵的国家或地区。

【例 5.34】 上海某服装公司出口的一批和服从上海港装运直接运抵日本横滨。则运抵国为日本（见图 5.5）。

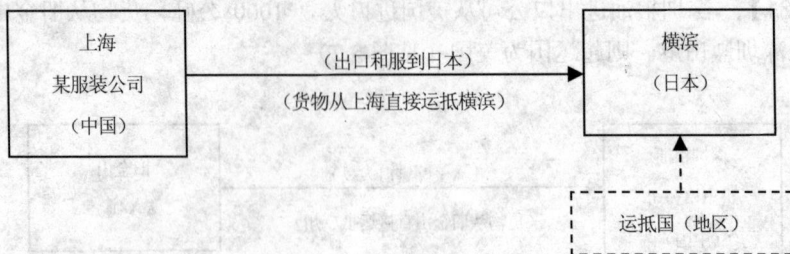

图 5.5　运抵国（地区）图示（1）

【例 5.35】　深圳某电子有限公司出口的 1 万台自产 DVD 机经香港中转运至日本名古屋。则运抵国仍为日本（见图 5.6）。

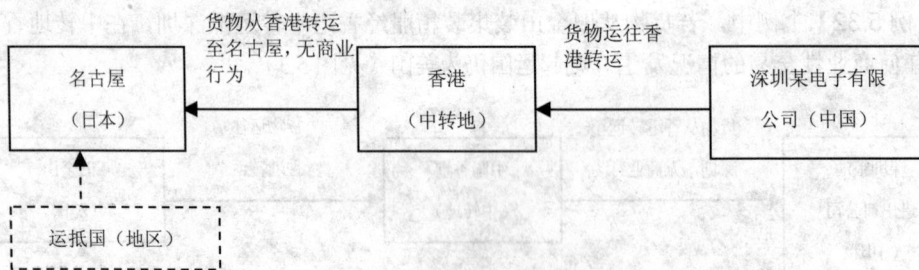

注：如在香港发生商业性行为，则运抵国（地区）应为香港。

图 5.6　运抵国（地区）图示（2）

（二）填报要求

填报要求为：

1）本栏目应按海关规定的"国别（地区）代码表"选择填报相应国别（地区）的中文名称及代码。

2）对于直接运抵的货物，以货物起始发出的国家或地区为起运国（地区），货物直接运抵的国家或地区为运抵国（地区）。

【例 5.36】如上述进口【例 5.31】。

进口货物报关单填报为：

> 起运国（地区）
> 　美国　502

【例 5.37】如上述出口【例 5.34】。

出口货物报关单填报为：

> 运抵国（地区）
> 　日本　116

3）对于中转货物，起运国（地区）或运抵国（地区）分两种不同情况填报。

① 对于发生运输中转而未发生任何买卖关系的货物，其起运国（地区）或运抵国（地

区）不变，即以进口货物的始发国（地区）为起运国（地区）填报，以出口货物的最终目的国（地区）为运抵国（地区）填报。

【例 5.38】 如上述进口【例 5.32】，货物从旧金山装集装箱船经香港中转运抵深圳，在中转地香港并没有任何商业性交易的情况发生。

应填报：

起运国（地区）
美国　502

【例 5.39】 上述出口【例 5.35】，深圳某电子有限公司出口的 1 万台自产 DVD 机经香港中转（无买卖行为）运至日本名古屋。

应填报：

运抵国（地区）
日本　116

② 对于发生运输中转并发生了买卖关系的货物，其中转地为起运国（地区）或运抵国（地区），可通过提单（发货人）、发票（出票人）等单证来判断货物中转时是否发生了买卖关系。

【例 5.40】 如上述进口【例 5.33】和【例 5.35】出口两例，若在中转地有商业性行为时，则应分别填报为：

起运国（地区）
中国香港　110

或

运抵国（地区）
中国香港　110

4）下列无实际进出境的货物，起运国（地区）或运抵国（地区）应为"中国 142"。

① 运输方式代码为"0"、"1"、"7"、"8"、"W"、"X"、"Y"、"Z"、"H"的货物。

② 贸易方式代码后两位为 42～46、54～58 的货物。

③ 保税物流中心（A、B 型）、保税区、出口加工区、保税物流园区、保税仓库、出口监管仓库等海关保税监管场所及特殊监管区域之间往来的货物（监管方式代码为 1200）的货物。

读一读

中转货物

中转货物指船舶、飞机等运输工具从装运港将货物装运后，不直接驶往目的港，而在中途的港口卸下后，再换装另外的船舶、飞机等运输工具转运往目的港。

货物中转的原因很多，如至目的港无直达船舶（飞机），或目的港虽有直达船舶（飞机）而时间不定或航次间隔时间太长，或目的港不在装载货物的运输工具的航线上，或货物属于多式联运等。

十七、装货港/指运港

（一）含义

装货港又称装运港，是指货物起始装运的港口。报关单上的"装货港"栏是专指进口货物在运抵我国关境前的最后一个境外装运港。

指运港亦称目的港，是指最终卸货的港口。报关单上的"指运港"栏专指出口货物运往境外的最终目的港。

（二）填报要求

填报要求为：

1）本栏目应根据实际情况按海关规定的《港口航线代码表》选择填报相应的港口中文名称及代码。

2）装货港/指运港在《港口航线代码表》中无港口中文名称及代码的，可选择填报相应的国家中文名称或代码。

3）对于直接运抵的货物，进口货物报关单以货物实际装货的港口为装货港（装货港与起运国的关系见表5.12）；出口货物报关单以货物直接运抵的港口为指运港。

表 5.12　装货港与起运国的逻辑关系

装运状况	交易状况	装货港	起运国	说明
直接运抵我国	与起运国的商家交易	货物起运的港口为装货港	货物起运港口所在国家（地区）为起运国	
	与非起运国的商家交易			
货物由 A 港口起运后途经某港口（B 港口）再运抵我国	与途经港以外其他国家的商家交易	货物起运的港口为装货港	货物起运港口所在国家（地区）为起运国	没有中转，装货港、起运国都不变
	与货物途经港所在国家的商家交易			
货物由 A 港口起运后途经港 B 港口换装运输工具后再运抵我国(在 B 港口发生中转)	与途经港以外其他国家的商家交易	货物换装运输工具的途经港口（中转港）为装货港	货物起运港口的所在国家（地区）为起运国	有中转，装货港改变，起运国不变
	与货物换装运输工具的途经港所在国（B 国）的贸易商交易		货物交易及中途换装运输工具港口的所在国家（地区）为起运国（B 国）	有中转，装货港改变，且与中转国交易，起运国改变

【例 5.41】　深圳粮油进出口公司从美国进口大豆 1000 公吨，货物从旧金山装集装箱船直接运抵深圳盐田港。

装货港填报为（起运国为美国）：

> 装运港
> 　旧金山　3193

【例 5.42】　上海某服装公司出口的一批和服从上海港装运直接运抵日本横滨。

指运港填报为（运抵国为日本）：

> 指运港
> 　横滨　1354

4）对于发生运输中转的货物，进口货物报关单以最后一个中转港为装货港；出口货物报关单不受中转影响，仍以最后运抵的港口为指运港。

【例 5.43】　深圳粮油进出口公司与香港客户达成一笔进口大豆的交易。货物从旧金山装船起运，经香港中转运抵广州。

装货港填报为（起运国为中国香港）：

> 装运港
> 　香港　1039

【例5.44】 深圳某电子有限公司出口的1万台自产DVD机经香港中转运至日本名古屋。指运港填报为（运抵国为日本）：

> 指运港
> 　名古屋 1287

5）无实际进出境的货物，装货港/指运港填报"中国境内 0142"。
6）出口货物最终目的港不可预知的，按尽可能预知的目的港填报。

十八、境内目的地/境内货源地

（一）含义

境内目的地是指已知的进口货物在我国关境内的消费、使用地区或最终运抵的地点。
境内货源地是指出口货物在我国关境内的生产地或原始发货地（包括供货地点）。

（二）填报要求

填报要求为：
1）境内目的地/境内货源地应按《国内地区代码表》选择相应的国内地区名称及代码填报，代码含义与经营单位代码前5位的定义相同。
2）境内目的地应填报进口货物在境内的消费、使用地或最终运抵地，其中最终运抵地为最终使用单位所在的地区。最终使用单位难以确定的，填报货物进口时预知的最终收货单位所在地。
3）境内货源地应填报出口货物在国内的生产地或原始发货地。出口货物产地难以确定的，填报最早发运该出口货物的单位所在地。
一般而言，自行进出口的可根据经营单位编码的前5位判断出境内目的地/境内货源地；委托进出口的通常委托单位就是最终消费使用的单位或者生产单位，其所在地就是境内目的地/境内货源地。

【例5.45】 大连机械设备进出口公司（210291××××）进口一批电视机零件，装载货物的运输工具于2011年8月12日申报进境。

境内目的地填报为：

> 境内目的地
> 　辽宁大连其他 21029

【例5.46】 上海华柔丝袜有限公司（3110935123）采用国产原料生产袜品凭319403360号外汇核销单号出口。

境内货源地填报为：

> 境内货源地
> 　上海杨浦 31109

十九、批准文号

本栏目仅用于填报实行出口收汇核销管理的出口收汇核销单上的编号。
凡涉及出口收汇核销管理的贸易方式，本栏目必须填报出口收汇核销单编号；出口不需要使用出口收汇核销单贸易方式的货物，本栏目无需填报。
一份报关单允许填报一份出口收汇核销单编号。例如：311555451。
进口货物报关单免予填报。

二十、成交方式

成交方式在国际贸易中称为贸易术语，又称价格术语，在我国习惯称为价格条件。成交方式包括两方面的内容：一方面表示交货条件；另一方面表示成交价格的构成因素。

本栏目应根据实际成交价格条款，按海关规定的《成交方式代码表》（见表 5.13）选择填报相应的成交方式代码。

无实际进出境的货物，进口成交方式为 CIF 的代码，出口成交方式为 FOB 的代码。

表 5.13　成交方式代码

成交方式代码	成交方式名称	成交方式代码	成交方式名称
1*	CIF	4	C&I
2*	CFR（C&F/CNF）	5	市场价
3*	FOB	6	垫仓

【例 5.47】　发票表明"Price terms：CFR SHANGHAI CHINA"（价格条款：CFR 中国上海）。

成交方式填报为：

成交方式
2

【例 5.48】　发票中列明 AT USD459.00/DRUM FOB DALIAN"（每桶 459 美元 FOB 大连）。

成交方式填报为：

成交方式
3

读一读

贸易术语与成交方式的一般对应关系

在我国进出口贸易活动中常见的成交方式有：CIF、CFR、FOB、CPT、CIP、FCA 等。值得注意的是，报关单填制中的诸如"CIF"、"CFR"、"FOB"等成交方式是中国海关规定的《成交方式代码表》中所指定的成交方式，与（INCOTERMS®2010）中的贸易术语内涵并非完全一致。这里的"CIF"、"CFR"、"FOB"并不仅限于水路而适用于任何运输方式，主要体现成本、运费、保险费等成交价格构成因素，目的在于方便海关税费的计算。

《INCOTERMS®2010》中的 11 种贸易术语与报关单"成交方式"栏一般对应关系如下表。

贸易术语	EXW	FCA	FAS	FOB	CFR	CPT	CIF	CIP	DAT	DAP	DDP
成交方式		FOB			CFR		CIF				

二十一、运费

运费是指进出口货物从始发地至目的地的国际运输所需要的各种费用（运费与成交方式的对应关系见表 5.15）。

（一）填报要求

填报要求为：

1）本栏目填报进口货物运抵我国境内输入地点起卸前的运输费用，出口货物运至我国境内输出地点装载后的运输费用。

2）进口货物成交价格包含前述运输费用或者出口货物成交价格不包含前述运输费用的，本栏目免于填报。

3）运保费合并计算的，运保费填报在"运费"栏中。

（二）填报格式

本栏应根据具体情况选择运费单价、运费总价或运费率三种方式之一填报，同时注明运费标记（运费标记及其含义见表 5.14，运费与成交方式的对应关系见表 5.15），并按海关规定的《货币代码表》（见表 5.22）选择填报相应的币种代码。

表 5.14　运费标记及其含义

运费标记	标记含义
1	运费率
2	运费单价
3	运费总价

表 5.15　运费与成交方式的对应关系

进口货物报关单		出口货物报关单	
成交方式	运费项目	成交方式	运费项目
CIF	免于填报	CIF	填报
CFR（C&F）	免于填报	CFR（C&F）	填报
FOB	填报	FOB	免于填报

填报格式：

1）运费费率，直接填报运费率的数值。

【例 5.49】　运费率 5%。

填报为：

运费
5/1（或 5）

2）运费单价，"运费币值代码"＋"/"＋"运费单价的数值"＋"/"＋"运费单价标记"。

【例 5.50】 运费单价 24 美元/公吨。

填报为：

运费
502/24/2

3）运费总价，"运费币值代码"＋"/"＋"运费总价的数值"＋"/"＋"运费总价标记"。

【例 5.51】 运费总价 7000 美元。

填报为：

运费
502/7 000/3

二十二、保费

保费是指被保险人允予承保某种损失、风险而支付给保险人的对价或报酬。（保费与成交方式的对应关系见表 5.16）。进出口货物报关单所列的保险费专指进出口货物在国际运输过程中，由被保险人付给保险人的保险费用。

表 5.16　保费与成交方式的对应关系

进口货物报关单		出口货物报关单	
成交方式	保费项目	成交方式	保费项目
CIF	免于填报	CIF	填报
CFR（C&F）	填报	CFR（C&F）	免于填报
FOB	填报	FOB	免于填报

（一）填报要求

填报要求为：

1）本栏目填报进口货物运抵我国境内输入地点起卸前的保险费用，出口货物运至我国境内输出地点装载后的保险费用。

2）进口货物成交价格包含前述保险费用或者出口货物成交价格不包含前述保险费用的，本栏目免予填报。

3）进口货物成交价格不包含保险费的和出口货物成交价格含有保险费的，即进口成交方式为 FOB、CFR 或出口成交方式为 CIF、CFR 的，应在本栏填报保险费。

4）运保费合并计算的，运保费填报在"运费"栏中，本栏目免予填报。

（二）填报格式

填报格式为：

1）本栏应根据具体情况选择保险费总价或保险费率两种方式之一填报，同时注明保险费标记，并按海关规定的《货币代码表》（见表 5.22）选择填报相应的币种代码。

保险费标记："1"表示保险费率，"3"表示保险费总价。

2）填制格式如下。

① 保费率，直接填报保费率的数值。

【例 5.52】 保险费率 3‰。

填报为：

保费
0.3 / 1（或 0.3）

② 保费总价，填报保费货币代码＋"/"＋保费总价的数值＋"/"＋保费总价标记。

【例 5.53】 保险费总价 10 000 港元。

填报为：

保费
110 / 10 000 / 3

二十三、杂费

杂费是指成交价格以外的，应计入货物价格或应从货物价格中扣除的费用，如手续费、佣金、折扣等。

（一）填报要求

填报要求为：

1）应计入完税价格的杂费填报为正值或正率，应从完税价格中扣除的杂费填报为负值或负率。

2）无杂费时，本栏免填。

（二）填报格式

填报格式为：

1）本栏目应根据具体情况选择杂费总价或杂费率两种方式之一填报，同时注明杂费标记，并按海关规定的《货币代码表》（见表 5.22）选择填报相应的币种代码。

运费、保费、杂费填写例表（见表 5.17）中杂费标记："1"表示杂费率；"3"表示杂费总价。

2）填报格式如下。

① 杂费率，直接填报杂费率的数值。

【例 5.54】 应计入完税价格的 1.5% 的杂费率和应从完税价格中扣除的 1% 的回扣率。

分别填报为：

保费
1.5/1

保费
－1/1

② 杂费总价，填报杂费货币代码＋"/"＋杂费总价的数值＋"/"＋杂费总价标记。

【例 5.55】 应计入完税价格的 500 英镑杂费总价。

填报为：

保费
303/500/3

表 5.17　运费、保费、杂费填写例表

项目	率（1）	单价（2）	总价（3）
运费	5%→5/1	USD50/MT→502/50/2	HKD5000→110/5000/3
保费	0.27%→0.27/1	—	EUR5000→300/5000/3
杂费（计入）	1%→1/1	—	GBP5000→303/5000/3
杂费（扣除）	1%→-1/1	—	JPY5000→116/-5000/3

二十四、合同协议号

合同协议号是指在进出口贸易中，买卖双方或数方当事人根据国际贸易惯例或国家的法律、法规，自愿按照一定的条件买卖某种商品所签署的合同或协议的编号。

本栏目填报进出口货物合同（包括协议或订单）的编号。

【例 5.56】　原始单据（发票）上合同号为"Contract No.：ABC-1001"。

填报为：

> 合同协议号
> ABC-1001

二十五、件数

件数是指有外包装的单件进出口货物的实际件数，货物可以单独计数的一个包装称为一件。

【例 5.57】　出口皮鞋 640 双，每双装一纸盒，每 16 双装一纸箱，共 40 纸箱。

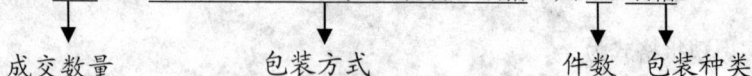

　　　　成交数量　　　　　包装方式　　　　件数　包装种类

本栏目填报要求为：

1）"件数"栏填报有外包装的进出口货物的实际件数。

2）散、裸装货物填报为1。

3）一笔交易使用不同种类的外包装的，应将各类包装件数相加后填报。

【例 5.58】　单据显示"2 Units & 4 Cartons"。

填报为：

> 件数
> 6

4）有关单据件数仅列明托盘件数，或者既列明托盘件数，又列明单件包装件数的，本栏填报托盘件数。

【例 5.59】　单据显示"2 PALLETS 100 CTNS"。

填报为：

> 件数
> 2

5）有关单据件数为集装箱的，或者既列明集装箱个数，又列明托盘件数、单件包装件数的，填报集装箱个数。

6）本栏目不得填报为零，不能为空。

二十六、包装种类

商品的包装是指包裹和捆扎货物用的内部或外部包装和捆扎物的总称。一般情况下，应以装箱单或提运单据所反映的货物处于运输状态时的最外层包装或称运输包装作为"包装种类"向海关申报，并相应计算件数。

本栏目应根据进出口货物的实际外包装种类，按海关规定的《包装种类代码表》（见表 5.18）选择填报相应的包装种类代码。

表 5.18　包装种类代码

代码	中文名称	英文名称
1	木箱	（Wooden）Case
2	纸箱	Carton，CTNS（Cartons）
3	桶装	Drum/Barrel
4	散装	Bulk
5	托盘	Pallet
6	包	Bale，BLS（Bales）
7	其他	

【例 5.60】　单据显示"PACKED IN 22 CTNS"，表明共有 22 个纸箱。

件数填报为：

件数
22

包装种类填报为：

包装种类
2

【例 5.61】　单据显示"2 units & 4 cartons"，表明共有 2 个计件单位（辆、台、件等）和 4 个纸箱，件数合计为 6 件。

件数填报为：

件数
6

包装种类填报为：

包装种类
7

二十七、毛重

毛重是指商品重量加上商品的外包装物料的重量。本栏目不得为空，毛重应大于或等于 1。填报要求如下：

1）应以合同、发票、提（运）单、装箱单等有关单证所显示的重量，确定进出口货物的毛重。

2）应填报进出口货物及其包装材料的重量之和，计量单位为千克，不足一千克的填报为"1"。

【例 5.62】　单据显示"GROSS WEIGHT 1.5MT"。

填报为：

毛重（公斤）
1 500

【例 5.63】　单据显示"GROSS WEIGHT 0.4KG"。

填报为：

毛重（公斤）
1

3）如货物的毛重在 1 千克以上且非整数，其小数点后保留 4 位，第 5 位及以后略去。

【例 5.64】　单据显示"GROSS WEIGHT 98. 22224KG"。

填报为：

毛重（公斤）
98.2222

【例 5.65】　单据显示" G.W. 234. 5KG "。

填报为：

毛重（公斤）
234.5

二十八、净重

净重是指货物的毛重扣除外包装材料后所表示出来的纯商品重量。部分商品的净重还包括直接接触商品的销售包装物料的重量（如罐头装食品等）。填报要求如下：

1）"净重"栏填报进出口货物的毛重减去外包装材料后的重量，即货物本身的实际重量，计量单位为千克，不足一千克的填报为"1"。

2）进出口货物的净重依据合同、发票、装箱单等有关单证确定。

3）如货物的净重在 1 千克以上且非整数，其小数点后保留 4 位，第 5 位及以后略去。

4）以毛重作为净重计价的，可填毛重。

5）按照国际惯例以公量重计价的货物，如未脱脂羊毛、羊毛条等，填报公量重。

6）合同、发票等有关单证不能确定净重的货物，可以估重填报。

7）对采用零售包装的酒类、饮料，应按照液体部分的重量填报。

二十九、集装箱号

集装箱又称货柜，常见规格为 20 英尺和 40 英尺。集装箱号是在每个集装箱箱体两侧标示的全球唯一的编号。

集装箱号的组成规则是：箱主代号（3 位字母）＋设备识别号"U"＋顺序号（6 位数字）＋校验码（1 位数字）。例如，EASU9809490。

本栏目填报要求如下：

1）本栏目填报装载进出口货物（包括拼箱货物）集装箱的箱体信息，包括集装箱号、集装箱的规格和集装箱的自重。格式为：集装箱号 ＋"/"＋ 规格 ＋"/"＋ 自重。

【例 5.66】　单据显示"1×40'container no.：EASU9608490，TARE WEIGHT 4250 KG"。

本栏目填报为：

集装箱号
EASU9608490 / 40 / 4250

2）多个集装箱的，第一个集装箱号填报在"集装箱号"栏中，其余的依次填报在"标记唛码及备注"栏中。

【例 5.67】 资料显示 SIZE/TYPE/CONTAINER#/TARE WGHT/SEAL NUMBER/

20/DRY/TPHU8290658/2300　　　　/0464　　　　/

20/DRY/MISU2369721/2300　　　　/00977　　　　/

① "集装箱号"栏应填报为：

| 集装箱号 |
| TPHU8290658 / 20 / 2300 |

② "标记唛码及备注"栏填报为：

| 标记唛码及备注 |
| MISU2369721 / 20 / 2300 |

3）非集装箱货物，填报为"0"。

三十、随附单据

随附单据是指随进出口货物报关单一并向海关递交的单证。进出口货物报关单中"随附单据"栏仅填报在"许可证号"栏填报的进出口许可证以外的监管证件。

（一）填报格式及要求

填报格式及要求为：

1）本栏目填报监管证件代码及编号。填报格式为：监管证件代码 + "："+ 监管证件编号。

【例 5.68】 本栏目填报为：

| 随附单据 |
| A：440300201016448 |

2）本栏目只填写一个监管证件的信息。多于一个监管证件的，第一个监管证件代码及编号填报在"随附单据"栏，其余的填报在"标记唛码及备注"栏中。

【例 5.69】 广州泰迪进出口有限公司持 1100-2005-101256 号自动进口许可证和入境货物通关单（A：440300201016448）向海关申报。

"随附单据栏"填报为：

| 随附单据 |
| 7：1100-2005-101256 |

"标记唛码及备注栏"填报为：

| 标记唛码及备注 |
| A：440300201016448 |

3）原产地证书相关内容的填报。

① 实行原产地证书联网管理的，如香港 CEPA、澳门 CEPA 的原产地证书，此栏填报"Y：<优惠贸易协定代码>"（见表 5.19）。同时，还需在"备案号"栏填报原产地证书的编号："Y"＋原产地证书编号。

表 5.19　进口货物优惠贸易协定代码

代码	优惠协定	代码	优惠协定
01	亚太贸易协定	07	中巴自贸协定
02	中国—东盟自贸区	08	中智自贸协定
03	香港 CEPA	09	对也门等国特别优惠关税待遇
04	澳门 CEPA	10	中新（西兰）自贸协定
05	对非洲特别优惠关税待遇	11	中新（加坡）自贸协定
06	台湾农产品零关税措施	12	中秘自贸协定

【例 5.70】　CEPA 香港项下进口货物。

随附单据填报为：

```
随附单据
        Y：<03>
```

备案号栏填报为：

```
备案号
        Y×××××××××××
```

② 未实行原产地证书联网管理的，本栏填报"Y：<优惠贸易协定代码∶需证商品序号>"，但"备案号"栏免予填报。

【例 5.71】　《亚太贸易协定》项下进口报关单中第 1 项到第 3 项和第 5 项为优惠贸易协定项下的商品。

随附单据栏填报为：

```
随附单据
        Y：〈01：1～3，5〉
```

③ 优惠贸易协定项下出口货物，本栏目填报原产地证书代码和编号。

（二）注意事项

注意事项有：

1）合同、发票、装箱单、《监管证件代码表》（见表 5.11）中代码为 1、2、3、4、G、x、y 的监管证件等随附单证不在"随附单据"栏填报。

2）一份原产地证书只能对应一份报关单。

3）享受协定税率和减免税的商品不能填在同一份报关单上。

三十一、用途/生产厂家

用途是指进口货物在境内实际应用的范围。生产厂家是指出口货物的境内生产企业的名称。

（一）填报要求

填报要求为：

1）进口货物填报用途，应根据进口货物的实际用途，按海关规定的《用途代码表》（见表 5.20）选择填报相应的用途代码。

例如：

```
用途
    01
```

2）出口货物本栏目填报其境内生产企业。

表 5.20　用途代码

代码	名称	代码	名称	代码	名称
01	外贸自营内销	05	特区内销	09	其他内销
02	企业自用	06	加工返销	10	借用
03	收保证金	07	免费提供	11	作价提供
04	货样，广告品	08	其他	12	以产顶进

（二）常见用途的使用范围

进口货物的用途主要有以下几个方面：

1）外贸自营内销（01），有外贸进出口经营权的企业，在其经营范围内以正常方式成交的进口货物。

2）其他内销（03），进料加工转内销部分、来料加工转内销货物以及外商投资企业进口供加工内销产品的料件。

3）企业自用（04），进口供本单位（企业）自用的货物，如外商投资企业以及特殊区域内的企业、事业和机关单位进口自用的机器设备等。

4）加工返销（05），来料加工、进料加工、补偿贸易和外商投资企业为履行产品出口合同从国外进口料件，用于在国内加工后返销到境外。

5）借用（06），从境外租借进口，在规定的使用期满后退运出境外的进口货物．如租赁贸易进口货物。

6）收保证金（07），由担保人向海关缴纳现金的一种担保形式。

7）免费提供（08），免费提供的进口货物，如无偿援助、捐赠、礼品等进口货物。

8）作价提供（09），我方与外商签订合同协议，规定由外商作价提供进口的货物，事后由我方支付或从我方出口货物款中或出口加工成品的加工费中扣除，如来料加工贸易进口设备等。

读一读

信息的查找与确定

（1）根据实际用途，参考代码表中的各种用途的适用范围来分析确定。

（2）根据贸易方式与用途的逻辑关系，来判断用途栏的填写。

例如，使用加工贸易手册进口的用途为：加工返销；使用征免税证明进口的用途为：企业自用。

通常确定了贸易方式和企业性质基本就能够确定用途。

三十二、标记唛码及备注

标记唛码是运输标志的俗称。进出口货物报关单上标记唛码专指货物的运输标志。标记唛码英文表示为：Marks、Marking、MKS、Marks & No.和 Shipping Marks 等。

备注是指填制报关单时需要备注的事项，包括关联备案号、关联报关单号，以及其他需要补充或特别说明的事项。

本栏分为"标记唛码"和"备注"两项。

（一）标记唛码的填报

本栏目上部（或称左半部）用于填写标记唛码内容。填报货物标记唛码中除图形以外的所有文字和数字。

（二）备注项的填报

本栏目下部（或称右半部）用于填报备注内容。

1. 填报企业名称

填报受外商投资企业委托代理进口投资设备、物品的进出口企业名称。格式为"委托××公司进口"。

【例 5.72】 广州轻工机械进出口公司（440191××××）受广州粤港服装有限公司（440123××××）委托在投资总额内进口服装加工设备。货物运抵口岸的次日，广州轻工机械进出口公司持编号为 Z×××××××××××的征免税证明向海关报关。

"标记唛码及备注"栏填报为：

标记唛码及备注
（唛头）　　　　　　委托广州轻工机械进出口公司（440191××××）进口

注：经营单位栏目填报"广州粤港服装有限公司 440123××××"。

2. 填报监管证件号

所申报货物涉及多个监管证件的，除第一个监管证件填报在"随附单证"栏以外，其余监管证件和代码，应填报在本栏目。填报格式为"监管证件代码：监管证件编号"。

3. 填报集装箱号

所申报货物涉及多个集装箱的，除第一个集装箱号填报在"集装箱号"栏以外，其余的集装箱号，应填报在本栏目。填报格式为"集装箱号/规格/自重"。

此外，视贸易方式的实际情况，有时还须填报关联备案号或联报关单号；办理进口货物直接退运的须填报"准予直接退运决定书"或"责令直接退运通知书"编号；来料加工出口成品须注明料件非与工缴费金额；其他申报时必须说明的有关事项。

三十三、项号

项号是指申报货物在报关单中的商品排列序号及该项商品在加工贸易手册、征免税证明等备案单证中的顺序编号。

（一）填报要求

每项商品的"项号"栏分两行填报：

第一行填报货物在报关单中的商品排列序号。

第二行专用于加工贸易、减免税等已备案的审批货物和实行原产地证书联网管理的报关单,填报该项货物在加工贸易手册中的项号、征免税证明或对应的原产地证书上的商品项号。

【例5.73】 某企业一般贸易出口一批男、女式腰带,出口发票显示共有下列2项商品。

男式腰带　　　　1000 条　　　 3 美元/条　　　 3000 美元
女式腰带　　　　1000 条　　　 3 美元/条　　　 3000 美元

则报关单"项号"栏填报为：

项号	商品编码	商品名称、规格型号	……
01	×××× ××××	男式腰带 （第一行,报关单中的商品排列序号）	
		（第二行,空位）	
02	×××× ××××	女式腰带 （第一行,报关单中的商品排列序号）	
		（第二行,空位）	

表体中项号栏目项下的"01"、"02"分别表示所申报货物中的第一项商品（男式腰带）和第二项商品（女式腰带）。

【例5.74】 某企业加工贸易出口一批男、女羽绒短上衣,男、女羽绒短上衣分别位列《加工贸易手册》第3项和第6项：

男羽绒短上衣 1000 件　 10 美元/件 10 000 美元 （位列加工贸易手册第3项）
女羽绒短上衣 1000 件　 8 美元/件　 8000 美元 （位列加工贸易手册第6项）

则报关单项号栏应该填报为：

项号	商品编码	商品名称、规格型号	……
01	×××× ××××	男羽绒短上衣（第一行,报关单中的商品排列序号）	
03		（第二行,加工贸易手册中的商品排列序号）	
02	×××× ××××	女羽绒短上衣（第一行,报关单中的商品排列序号）	
06		（第二行,加工贸易手册中的商品排列序号）	

表体中项号栏目项下第一栏中的"01"表示该"男羽绒短上衣"为所申报货物的第一项

商品，"03"表示该"男羽绒短上衣"位列《加工贸易手册》的第 3 项；同样，第二栏中的"02"为所申报货物的第二项商品（女羽绒短上衣），位列《加工贸易手册》的第 6 项。

（二）注意事项

注意事项有：

1）纸质报关单与电子报关单的对应关系。

① 一张纸质报关单最多可打印 5 项商品，可另外附带 3 张纸质报关单，合计一份纸质报关单（即一个报关单编号）最多可打印 20 项商品。

② 一张电子报关单（对应一份纸质报关单，由预录入公司或与海关有电子联网的公司录入）表体共有 20 栏，一项商品占据表体的一栏，超过 20 项商品时必须填报另一份纸质报关单。

2）对于商品编号不同的，商品名称不同的，原产国（地区）/最终目的国（地区）不同的，征免不同的，都应各自占据表体的一栏。

三十四、商品编号

商品编号是指由进出口货物的税则号列及符合海关监管要求的附加编号组成的 10 位编号。

填报商品编号时应该按照进出口商品的实际情况，填报 8 位税则号列。有附加编号的，还应填报附加的第 9、10 位附加编号。

加工贸易手册中商品编号与实际商品编号不符的，应按实际商品编号填报。

【例 5.75】 某公司进口电子计算器，查阅 H.S.编码为 8487 2900。

报关单填报为：

项号	商品编号	商品名称、规格型号
…	8487 2900	…

三十五、商品名称、规格型号

商品名称，即商品品名，是指国际贸易缔约双方同意买卖的商品的名称。商品名称一般取自主要用途、主要材料、主要成分或者商品的外观、制作工艺等。报关单中的商品名称，是指进出口货物规范的中文名称。

商品的规格型号是指反映商品性能、品质和规格的一系列指标，如品牌、等级、成分、含量、纯度、大小、长短、粗细等。商品名称及规格型号一般都在发票的"Description of Goods"、"Product and Description"、"Goods Description"、"Quantities and Description"栏有具体的描述。

（一）填报要求

本栏目应严格按照海关制定的《规范申报目录》中关于规范商品品名、规格的要求，分两行填报。

1）第一行填报进出口货物规范的中文名称，必要时可加注原文。

2）第二行填报规格型号，包括规格、型号、成分、含量、等级等（一般都使用发票、提单或装箱单中的原文）。

【例 5.76】 本栏目可填报为：

…… 商品名称、规格型号 ……	
棕榈仁油	（第一行，规范的中文名称）
H2100G，氢化，碘值 0.21，游离脂肪酸 0.014%	（第二行，规格型号）

（二）注意事项

注意事项有：

1）商品名称及规格型号应据实填报，并与合同、商业发票等相关单证相符。非中文商品名称的，应当翻译成规范的中文。

2）商品名称应当规范，规格型号应足够详细，以能满足海关归类、审价及许可证件的管理要求为准。要根据商品属性来填报，包括品名、牌名、规格、型号、成分、含量、等级、用途、功能等。

3）减免税货物、加工贸易等已备案的进出口货物，本栏目填报的内容必须与已在海关备案登记中同项号下货物的名称与规格型号一致。

4）同一商品编号、多种规格型号的商品，可归并为一项商品的，按照归并后的商品名称和规格型号填报。

5）一份报关单最多允许填报 20 项商品。

（三）商品名称、规格型号的申报要素

进出口货物收发货人及其代理人在填报进出口货物报关单的"商品名称、规格型号"栏目时，应当按照《规范申报目录》中所列商品相应的申报要素（参见表 5.21）的内容填报。

【例 5.77】 某企业出口一批 ZIPPO 牌打火机用液体燃料，100%石脑油制，125 毫升/支。商品编码 3606.1000。

查《规范申报目录》，申报要素为：

商品编码	申报要素
3606.1000	①品名；②用途；③包装容器的容积

则报关单"商品名称、规格型号"栏应填报为：

商品名称、规格型号	
液体燃料	（第一行，出口货物规范的中文名称）
ZIPPO 牌打火机用，125 毫升/支	（第二行，规格型号）

表中"液体燃料"为进出口货物规范的中文名称，填报在第一行；"ZIPPO 牌打火机用，125 毫升/支"为该货物的规格型号（包括《规范申报目录》要求的"申报要素"：用途和包装容器的容量）。

表 5.21　进出口商品"商品名称、规格型号"栏的申报要素（部分）

商品编码	申报要素
02.03	①品名（中文及英文名称）；②加工方法（整头及半头、带骨或去骨等）；③状态（鲜、冷）；④野生请注明
03.03	①品名；②状态（鲜、冻）；③个体重量（如 1000～2000 克/条、块）
04.03	①品名；②加工方法（发酵、酸化、浓缩、加糖及其他甜物质、香料等）；③包装规格；④品牌
10.01	①品名；②品种（白麦、红麦、冬麦、春麦）；③种用请注明；④硬粒请注明
15.07	①品名；②加工方法（粗榨、精制）；③加工程度（未经化学改性）
18.06	①品名；②品牌；③形状（粉末状、条状、块状等）；④加工方法（加糖或其他甜物质）；⑤成分含量；⑥容器包装或内包装每件净重；⑦夹心应注明
26.01	①品名；②用途；③加工方法；④外观；⑤成分含量；⑥平均粒度
27.09	①品名；②种类；③凝析油请注明
29.01	①品名；②用途；③含量；④生产工艺；⑤丁烷请注明包装容器的容积；⑥异戊烯请注明异构体的含量
29.41	①品名；②包装；③成分；④含量
31.02	①品名；②品牌；③型号；④每包总量；⑤氮含量
30.03	①品名；②用途；③成分；④配定剂量或零售包装请注明；⑤包装规格
39.01	①品名；②外观；③成分含量；④单体、单元的种类和比例；⑤是否线性；⑥级别；⑦品牌；⑧型号
39.16	①品名；②外观；③成分；④单丝请注明截面直径
40.02	①品名；②用途；③外观；④丁苯橡胶请注明是否充油、热塑；⑤成分
44.12	①品名；②外观（多层板）；③每层材质及树种名称；④单层厚度；⑤应注明立方米数或平方米数；⑥规格；⑦加工工艺
48.01	①品名；②规格（成条、成卷的宽度或成张的边长、每平方米克重）；③机械或化学—机械法制得的纤维含量；④粗糙度
52.10	①品名；②织造方法（机织物）；③染整方法（漂白、未漂白、色织、染色、印花等）；④组织结构（平纹、斜纹等）；⑤注明与其混纺的化纤是长丝还是短纤；⑥成分含量；⑦宽度；⑧每平方米克重

三十六、数量及单位

报关单上的"数量及单位"栏指进出口商品的实际数量及成交计量单位，以及海关法定计量单位和按照海关法定计量单位换算的数量。

读一读

海关法定计量单位

海关法定计量单位是指海关按照《中华人民共和国计量法》的规定所采用的计量单位，我国海关采用的是国际单位制的计量单位。

海关法定计量单位又分为海关法定第一计量单位和海关法定第二计量单位。海关法定计量单位以《中华人民共和国海关统计商品目录》中规定的计量单位为准。

例如，天然水应填报为：千升/吨；卷烟为：千支/千克；牛皮为：千克/张；毛皮衣服为：千克/件等等。上述计量单位中的斜线前者为第一计量单位，后者为第二计量单位。

如果进出口货物报关单中只有一项商品且计量单位是千克，其应与报关单表头"净重"栏的重量一致。

（一）填报要求

填报要求为：

1）本栏目分三行填报。

第一行填报第一法定计量单位及数量；

第二行填报第二法定计量单位及数量，无第二法定计量单位本栏为空；

第三行填报成交计量单位及数量。成交计量单位与海关法定计量单位一致时本栏为空。

例如：

商品名称、规格型号	数量及单位	
全棉男式内裤	122 640 件	（第一行，第一法定计量单位及数量）
100% 棉 针织	1042 千克	（第二行，第二法定计量单位及数量）
	10 220 打	（第三行，成交计量单位及数量）

2）进出口货物必须按海关法定计量单位和成交计量单位填报。"数量及单位"栏不得为空或填报"0"。

3）当成交计量单位与海关法定计量单位一致，并无第二法定计量单位时，则只填报第一行即可。

例如：

商品名称、规格型号	数量及单位	
全棉男式内裤	122 640 件	（第一行，第一法定计量单位及数量）
100% 棉 针织		

4）凡列明海关第二法定计量单位的，应在本栏目第二行填报第二法定计量单位及数量。无第二法定计量单位的，本栏目第二行为空。

例如：

商品名称、规格型号	数量及单位	
全棉男式内裤	122 640 件（第一行，第一法定计量单位及数量）	
100% 棉 针织	（第二行为空）	

5）以成交计量单位申报的，须填报与海关法定计量单位转换后的数量，同时还需将成交计量单位及数量填报在本栏第三行。当成交计量单位与海关法定计量单位一致时，本栏目第三行为空。

例如：

商品名称、规格型号	数量及单位	
全棉男式内裤	122 640 件	（第一行，第一法定计量单位及数量）
100% 棉 针织	1042 千克	（第二行，第二法定计量单位及数量）
		（第三行为空）

（二）特殊情况的填报要求

特殊情况的填报要求为：

1）按照商业惯例以公量重计价的商品，应按公量重填报。例如，未脱脂羊毛、羊毛条等。

2）采用以毛重作为净重计价的货物，可按毛重填报。例如，粮食、饲料等大宗散装货物。

3）采用零售包装的酒类、饮料，按照液体部分的重量填报。

4）装入可重复使用的包装容器的货物，应按货物的净重填报。例如，罐装同位素、罐装氧气及类似品等，应扣除其包装容器的重量。

5）使用不可分割包装材料和包装容器的货物，按货物的净重填报（即包括内层直接包装的净重重量）。例如，采用供零售包装的罐头、化妆品、药品及类似品等。

（三）注意事项

注意事项有：

1）法定计量单位为立方米的气体货物，应折算成标准状况（即摄氏零度及 1 个标准大气压）下的体积进行填报。

2）优惠贸易协定下的出口商品，成交计量单位必须与原产地证书上对应商品的计量单位一致。

3）加工贸易等已备案的货物，成交计量单位必须与备案登记中同项号下货物的计量单位一致。

三十七、原产国（地区）/最终目的国（地区）

原产国（地区）是指进口货物的生产、开采或加工制造的国家或地区。对经过几个国家或地区加工制造的进口货物，以最后一个对货物进行经济上可以视为实质性加工的国家或地区作为该货物的原产国（地区）。（**原产国（地区）确定的基本原则见本教材第四章第三节。**）

最终目的国（地区）是指已知的出口货物最后交付的国家或地区，也即最终实际消费、使用或作进一步加工制造的国家或地区。

读一读

信 息 查 询

在原始单据（发票或原产地证明书）上原产国（地区）一般表示为"Made in…（在……制造）"、"Origin／Country of Origin（原产于）"或"Manufacture"（制造）。

（一）填报要求

本栏目应按海关规定的《国别（地区）代码表》选择填报相应的国家（地区）中文名称及代码。

【例 5.78】 进口货物报关单：

…… 原产国（地区） ……
意大利 307

【例 5.79】 出口货物报关单：

…… 最终目的国（地区） ……
澳大利亚 601

（二）注意事项

1. 原产国（地区）的填报

原产国（地区）的填报的注意事项为：

1）同一批货物的原产地不同的，应当分别填报原产国（地区）。

2）进口货物原产国（地区）无法确定的，应填报"国别不详"（代码：701）。

3）联合国及其所属机构或其他国际组织赠送的物资，应填报货物的实际生产国（地区）。

2. 最终目的国（地区）的填报

最终目的国（地区）的填报的注意事项为：

1）最终目的国（地区）填报已知的出口货物的最终实际消费、使用或进一步加工制造国家（地区）。

2）不经过第三国（地区）转运的直接运输货物，以运抵国（地区）为最终目的国（地区）；经过第三国（地区）转运的货物，以最后运往国（地区）为最终目的国（地区）。

3）同一批出口货物的最终目的国（地区）不同的，应分别填报最终目的国（地区）。

4）出口货物不能确定最终目的国（地区）时，以尽可能预知的最后运往国（地区）为最终目的国（地区）。

【例 5.80】 上海某服装公司出口一批自产和服从上海港装运直接运抵目的港日本横滨（见图 5.7）。

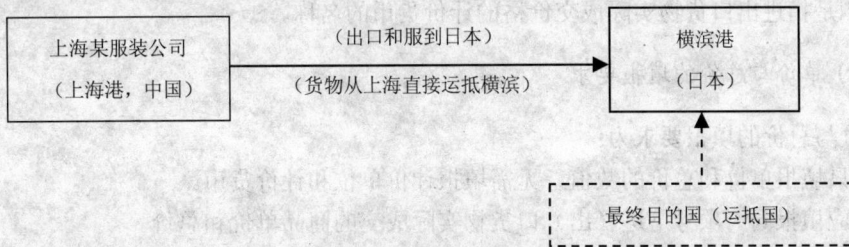

图 5.7 直接运抵目的港

出口货物报关单应填报为：

最终目的国（地区）
日本　116

【例 5.81】　深圳某电子有限公司从日本名古屋进口 1 万台 DVD 机，经中国香港中转运往深圳（见图 5.8）。

图 5.8　转运至目的港

进口货物报关单应填报为：

……　　原产国（地区）　　……
日本　116

注：如在中国香港发生商业性行为，则起运国（地区）应为中国香港，原产国仍为日本。

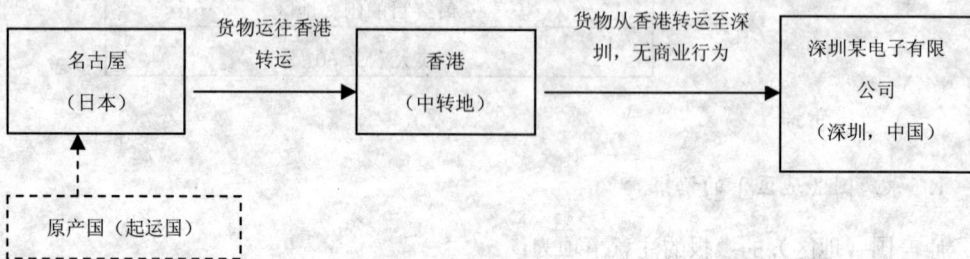

想一想

本例进口货物报关单的"装运港"应填报哪个港口？如果在中转港有发生商业行为时，装运港又应该如何填报？

三十八、单价、总价和币制

单价是指进出口货物实际成交的商品单位价格的金额部分。

总价是指进出口货物实际成交的商品总价的金额部分。

币制是指进出口货物实际成交价格的计价货币的名称。

（一）单价与总价的填报要求

单价与总价的填报要求为：

1）只填报单价和总价的数值，无需填报计价单位和计价货币。

2）应填报同一项号下进（出）口货物实际成交的商品单价和总价。

3）单价和总价填报到小数点后 4 位，第 5 位及以后略去。

【例 5.82】　北京某进出口公司出口长筒丝袜 1000 打，每打 USD20.55346，总价为 USD20553.46。

单价与总价应填报为：

······	单价	总价	······
	20.5534	20553.46	

4）无实际成交价格的货物，填报货值。例如，来料加工进口料件、无代价抵偿货物等。

（二）币制的填报要求

币制的填报要求为：

1）根据实际成交情况按海关规定的《货币代码表》（见表 5.22）选择填报相应的货币名称及代码。例如，例 5.82 中计价货币为美元。

则应填报为：

······	币制	······
	美元 502	

2）《货币代码表》中无实际成交币种，需将实际成交币种按照申报日外汇折算率折算成《货币代码表》列明的货币填报。

表 5.22　常用币制代码

币制代码	币制符号	币制名称	币制代码	币制符号	币制名称
110	HKD	港币	303	GBP	英镑
116	JPY	日元	326	NOK	挪威克朗
121	MOP	澳门元	330	SEK	瑞典克朗
129	PHP	菲律宾比索	331	CHF	瑞士法郎
132	SGD	新加坡元	344	SUR	俄罗斯卢布
133	KRW	韩国元	501	CAD	加拿大元
142	CNY	人民币	502	USD	美元
300	EUR	欧元	601	AUD	澳大利亚元
302	DKK	丹麦克朗	609	NZD	新西兰元

三十九、征免

征免是指海关依照《海关法》、《进出口关税条例》及其他法律、行政法规，对进出口货物进行征税、减税、免税或特案处理的实际操作方式。

同一份报关单上可以有不同的征减免税方式。

（一）填报要求

填报要求为：

1）根据海关核发的征免税证明或有关政策规定，对报关单所列每项商品选择填报海关规定的《征减免税方式代码表》（见表 5.23）中相应的征减免税方式的名称。

2）加工贸易报关单应根据登记手册中备案的征免规定填报；加工贸易手册中备案的征免规定为"保金"或"保函"的，应填报"全免"。

表 5.23　征减免税方式代码

代码	名称	代码	名称
L	照章征税	6	保证金
2	折半征税	7	保函
3	全免	8	折半补税
4	特案减免	9	全额退税
5	随征免性质		

报关单填制中的主要征减免税方式

（1）照章征税。照章征税指对进出口货物依照法定税率计征各类税、费。

（2）折半征税。折半征税指依照主管海关签发的征免税证明或海关总署的通知，对进出口货物依照法定税率折半计征关税和增值税，但照章征收消费税。

（3）全免。全免指依照主管海关签发的征免税证明或海关总署的通知，对进出口货物免征关税和增值税，但消费税是否免征应按有关批文的规定办理。

（4）特案减免。特案减免指依照主管海关签发的征免税证明或海关总署通知规定的税率或完税价格计征各类税、费。

（5）随征免性质。随征免性质指对某些特定监管方式下进出口的货物按照征免性质规定的特殊计税公式或税率计征税、费。

（6）保证金。保证金指经海关批准具保放行的货物，由担保人向海关缴纳现金的一种担保形式。

（7）保函。保函指担保人根据海关的要求，向海关提交的订有明确权利义务的一种担保形式。

（二）征免方式与贸易性质和征免性质之间的对应关系

征免方式与贸易方式和征免性质之间的对应关系为：

1）征免性质为一般征税的进出口货物，征免方式多为"照章征税"。

2）不享受特定减免税及其他减免税、以一般贸易进口的货物，征免方式为"照章征税"。

3）使用原产地证书申报的享受香港 CEPA 或澳门 CEPA 优惠政策的货物，贸易性质为"一般贸易"；征免性质为"一般征税"；征免方式为"照章征税"。

（三）备案号与征免方式之间的对应关系

备案号与征免方式之间的对应关系见表 5.24。

表 5.24　备案号与征免方式之间的对应关系

备案号标示码	对应的征免方式	备案号标示码	对应的征免方式
B	全免	Z	全免
C	全免	Y	照章征税
D	全免		

【例5.83】　某进口公司持《征免税证明》向海关申报进口的特定减免税货物。

征免栏目填报为：

```
┌─────────────────────────────┐
│  ……    ……     征免        │
├─────────────────────────────┤
│            全免（3）         │
└─────────────────────────────┘
```

【例5.84】　某进口公司持《加工贸易手册》向海关申报进口加工贸易料件。

征免栏目填报为：

```
┌─────────────────────────────┐
│  ……    ……     征免        │
├─────────────────────────────┤
│            全免（3）         │
└─────────────────────────────┘
```

四十、税费征收情况

本栏目由海关经办人员填写，主要批注对该（批）进出口货物的税、费征收和减免的情况，包括税率、税额的情况。

四十一、录入员及录入单位

（一）录入员

本栏由负责将该份报关单内容的数据录入海关计算机系统并打印预录入报关单的实际操作人员签名确认。

（二）录入单位

本栏主要填报经海关核准，允许其将有关报关单内容录入海关计算机系统的单位。

四十二、申报单位

本栏目包括申报单位，报关员，申报单位的地址、邮政编码、电话号码等项目。

（一）申报单位

申报单位指向海关办理进出口货物报关手续的法人。其主要有已在海关登记注册的进出口收发货人、报关企业。

本栏目填报申报单位的中文名称及编码，并签印。

自理报关的，本栏目填报进出口企业的名称及海关注册编码并签印；委托代理报关的，本栏目填报经海关批准的报关企业名称及海关注册编码并签印。

（二）报关员

报关员指具体负责该批货物向海关办理报关手续的人员。本栏目由报关员在该栏中签印。

（三）单位地址

本栏目主要填报向海关办理报关手续的单位在境内居住或通信联系的地址。

（四）邮编及电话

本栏目主要填报申报单位所在地区的邮政编码及通信联系的电话号码。

（五）填制日期

本栏目主要指该份报关单的填制日期，由经办的报关员负责填写。电子数据报关单的填制由计算机自动打印。

填制日期为 8 位数字，顺序为：年（4 位）、月（2 位）、日（2 位）。

四十三、海关审单批注放行日期（签章）

本栏目共分为审单、审计、征税、统计、查验、放行六项，是海关内部作业时签注的总栏目，由上述各项的经办海关人员完成本项任务后将本人姓名或代码手工填制在预录入报关单上。其中"放行"栏一般填写（签注）海关对接受申报的进出口货物完成上述各项任务作出放行决定的日期（包括经办人员的姓名、日期）。

中华人民共和国海关进口货物报关单样式如下：

中华人民共和国海关进口货物报关单

预录入编号：　　　　　　　　　　　　　　海关编号：

进口口岸		备案号	进口日期	申报日期
经营单位		运输方式	运输工具名称	提运单号
收货单位		贸易方式	征免性质	征税比例
许可证号	起运国（地区）		装货港	境内目的地
批准文号	成交方式	运费	保费	杂费
合同协议号	件数	包装种类	毛重（公斤）	净重（公斤）
集装箱号	随附单据			用途
标记唛码及备注				

项号	商品编号	商品名称、规格型号	数量及单位	原产国（地区）	单价	总价	币制	征免

税费征收情况		
录入员　　　　录入单位	兹声明以上申报无讹并承担法律责任	海关审单批注及放行日期（签章）
报关员		审单　　　　　审价
单位地址	申报单位（签章）	征税　　　　　统计
邮编　　　电话	填制日期	查验　　　　　放行

中华人民共和国海关出口货物报关单样式如下：

中华人民共和国海关出口货物报关单

预录入编号：　　　　　　　　　　　　　　海关编号：

出口口岸		备案号	出口日期	申报日期
经营单位		运输方式	运输工具名称	提运单号
收货单位		贸易方式	征免性质	结汇方式
许可证号	运抵国（地区）		指运港	境内货源地
批准文号	成交方式	运费	保费	杂费
合同协议号	件数	包装种类	毛重（公斤）	净重（公斤）
集装箱号	随附单据			生产厂家

标记唛码及备注

项号	商品编号	商品名称、规格型号	数量及单位	最终目的国（地区）	单价	总价	币制	征免

税费征收情况

录入员　　　录入单位	兹声明以上申报无讹并承担法律责任	海关审单批注及放行日期（签章）
报关员		审单　　　　审价
单位地址	申报单位（签章）	征税　　　　统计
邮编　　　电话	填制日期	查验　　　　放行

第三节 报关单各栏目内容与主要商业、

货运单证的对应关系

一、报关单与发票

报关单中根据发票填制的栏目内容一般有：经营单位、收/发货单位、结汇方式（出口）、成交方式、运费、保险费、杂费、商品名称、规格型号、数量及单位、原产国（地区）/最终目的国（地区）、单价、总价、币制、合同协议号、集装箱号等。

发票由出口企业自行拟制，无统一格式，但基本栏目大致相同。一般标明"发票"（Invoice）或"商业发票"（Commercial Invoice）字样，用粗体字印刷在单据的明显位置。其主要栏目内容如下：

1）出票人，即出口人的名称与地址。通常已印就于发票上。

2）起运地及目的地，即货物运输的实际起止地点，通常在表头部位列明。如货物需要转运，则注明转运地。有的还注明运输方式。

3）抬头，即收货人。通常在表头部位列明买方的名称和地址。

4）唛头及编号。由此栏目可得知合同协议号总件数、原产地、最终目的地等内容。

5）品名和货物描述。注明具体装运的货物的名称、品质、规格及包装状况等内容。

6）数量、单价和总价。列明实际装运的数量、成交的单价和总价。如果合同单价含有佣金或折扣，发票上一般也会注明。有时发票上还列明运费、保险费及杂费等。

读一读

出票人地址与货物中转的关系

出票人的名称与地址栏目是判断进口货物中转时是否发生买卖关系的指标之一。如果出票人的地址与进口货物起运地一致，则说明进口货物中转时没有发生买卖关系；如果出票人的地址与进口货物运输的中转地一致，与起运地不一致，则说明进口货物中转时发生了买卖关系。

二、报关单与装箱单、提运单

装箱单是商业发票的补充单据，主要反映货物包装的详细情况。其内容主要有：装箱单名称、唛头、货名、箱号、规格、包装单位、件数、每件的货量/毛净重、包装方式等，表头的内容与商业发票基本相同。

提单与运单均属运输单据，是承运人收到承运货物后签发给出口商（或发货人、或托运人）的证明文件，是交接货物、处理索赔的重要单据。其主要内容有：托运人（或发货人）、收货人、运输工具、运输路线（即起讫地点，包括中途转运情况）、唛头、货名、件数、总毛重和总尺码等。

报关单根据装箱单和提运单查找的栏目内容一般有：运输方式、运输工具名称、航次、提运单号、起运国（地区）/运抵国（地区）、装运港/指运港、件数、包装种类、毛重、净重、标记唛码及备注。

三、报关单栏目与发票、装箱单、提单的对应关系

以下举例说明进口报关单栏目与发票、装箱单、提单基本对应关系，报关单标有带圈数字的栏目内容，可以从随附的原始单证中标注对应带圈数字的内容中查找、填报。

报关单样式如下：

中华人民共和国海关进口货物报关单

预录入编号： 　　　　　　　　　　　　　　　海关编号：

进口口岸 ①		备案号	进口日期	申报日期
经营单位		运输方式 ②	运输工具名称 ③	提运单号 ④
收货单位		贸易方式	征免性质	征税比例
许可证号	起运国（地区） ⑤		装货港 ⑥	境内目的地
批准文号	成交方式 ⑦	运费	保费	杂费
合同协议号 ⑧	件数 ⑨	包装种类 ⑩	毛重（公斤） ⑪	净重（公斤） ⑫
集装箱号 ⑬	随附单据			用途
标记唛码及备注 ⑭			⑮	

项号	商品编号	商品名称、规格型号 ⑯	数量及单位 ⑰ ⑱	原产国（地区） ⑲	单价 ⑳	总价	币制 ㉑	征免 ㉒

税费征收情况

录入员　　录入单位	兹声明以上申报无讹并承担法律责任	海关审单批注及放行日期（签章）
报关员		审单　　　　审价
单位地址　　　　　　申报单位（签章）		征税　　　　统计
邮编　　电话　　　　填制日期		查验　　　　放行

发票样式如下：

MR'02 02: 25PM KCC' PORE OFFICE 65 8630679 P.2

COMMERCLAL   INVOICE

Seller: KOREA CHEMICAL CO., LTD. 1301-4.SEOCHO-DONG BEOCHO-KU, SEOUL.KOREA	Invoice No. and Date： EX80320 15th MAR 2008 L/CXo. And Date
Consignee： TO THE ORDER OF SHANGHAI FAR EAST CONTANER CO,LTD 1729-1731 YANG GAO RD. PUDONG SHANGH, CHINA	Buyer (If any than consignee) AS PER CONSIGNEE

Departure Date:
 	
ETD：20 MAR 2008
	Terms of Delivery and Payment:
	    T/T SHANGHAI
	    T/T 60 DAYS FROM B/L DATE

Vessel: ESSEN EXPRESS v, 28ED09 ③	Other Reference: CONTRACT NO: SFEC/KCC803-01 ⑧
Fron: To: SINGAPORE ⑤ ⑥ SHANGHAI, CHINA ①	

Shipping Marks	No.&Kinds of Packing	Goods Description	Quantity	Unit Price	Amount
		CIF SHANGHAI CHANA⑦			
FAR EAST SHANGHAI⑭	PAINT ⑯	114 056LTR ⑰ ⑱	2.00/LT ⑳	USD㉒228 112.00	
C/NO:		Country of Origin: SINGAPOREB ⑲			
		KOREA CHEMICAL CO.,LTD. Singned By：_____			

装箱单样式如下：

PACKING LIST

Seller:	Invoice No. and Date:
KOREA CHEMICAL CO.,LTD. 1301-4.SEOCHO-DONG BEOCHO-KU, SEOUL.KOREA	EX.80320　15th MAR 2008
Consignee:	Buyer (If any than consignee):
TO　THE ORDER OF SHANGHAI FAR EAST CONTAINER CO,LTD. 1729-1731 YANG GAO RD PUDONG SHANGH,CHNA	AS PER CONSIGNEE
Departure Date: ETD：20 MAR 2008	Other Reference: CONTRACT NO: SFEC/KCC803-01　⑧
Vessel： ESSEN EXPRESS v, 28ED09　③	
From: SINGAPORE　⑤⑥	To: SHANGHAI,CHIA ①	

Shipping Marks	No.&Kinds of Packing	Goods Description	Quantity	N/Weight	G/Weight	Measurement
			LTR⑱	KG	KG	
		PAINT				
			14,056 ⑰	136,256 ⑫	161,492 ⑪	
	TOTAL:　234 CRATES⑨⑩					

KOREA CHEMICAL CO.,LTD.

Singned By: _____

提单样式如下：

BILL OF LADING ②

For Combined Transport Shipment Or Port To Port Shipment

Shipper: KOREA CHEMICAT CO., LTD. 1301-4，SEOHO-DONG,SEOCHO-KU,SEOUL,KOREA	Pafe: 1 of 1 B/L No: MISC200000537 ④ Reference No.:
Consignee or Order: TO THE ORDER OF SHANGHAI FAR EAST CONTAINER CO.,LTD. 1729-1731，YANG GAO ROAD PUDONG,SHANHAI,CHINA	Carrier: MALAYSLA INTERNATIONAL SHIPPING CORPORAION BERHAD
Notify Party/Address: It is agreed that no responsibility shall attach to Carrier or his Agents For failure to notify (See Clause 20 on revene of this Bill of Lading): SAME AS CONSIGNEE	Place of Receipt (Applicable only when this document is used as Transport Bill of lading): SINGAPORE CY
Vessel and VOY No.: ESSEN EXPRESS　28ED09　③	Place of Delivery（Applicable only when this docunment is used as Transport Bill of lading）： SHANGHAI CY
Port of Loading： SINGAPORE　　⑤　　⑥	
Port of Transhipment	Port of Discharge SHANGHAI ①

Marks & Nos.	Number & Kind of Packages	Description of Goods	Gross Weght 161 492 00⑪	Measurement (CBM) 281
FAR EAST SHANGHAI ⑭ C/NO.:	SHIPPER'S LOAD COUNT AND SEALED 12×20' CONTINER (S) SAID TO CONTAIN： 234 CRATES ⑨ ⑩ PAINT ⑯ FREIGHT PREPAID TOTAL：TWEL VE TEWNTY FOOT CONTAINERS ONLY			

SIZE/TYPE/CONTAINER#TARE WGNT/GROSS WGHT/SEAL NUMBER/QAUANTITY/STAT/STATU

20/DRY/TPHU8290658 ⑬	/2300	/.00	/0464	0/FCL/FCL
20/DRY/TEXU2391475	/2300	/.00	/0384	0/FCL/FCL
20/DRY/MISU2369721	/2300	/.00	/00977	0/FCL/FCL
20/DRY/MISU1173640	/2300	/.00	/04959	0/FCL/FCL
20/DRY/MISU1123306	/2300	/.00	/04980	0/FCL/FCL
20/DRY/MISU1107429 ⑮	/2300	/.00	/04973	0/FCL/FCL
20/DRY/MISU1171114	/2300	/.00	/04958	0/FCL/FCL
20/DRY/MISU1328245	/2300	/.00	/04979	0/FCL/FCL
20/DRY/MISU1304351	/2300	/.00	/04963	0/FCL/FCL
20/DRY/MISU1306797	/2300	/.00	/165529	0/FCL/FCL
20/DRY/MISU1418038	/2300	/.00	/166671	0/FCL/FCL
20/DRY/MISU1113376	/2300	/.00	/165576	0/FCL/FCL

ABOVE PARTICULARS AS DECLARED BY SHIPPER

第四节　其他报关单的填制

其他进出境报关单指除了《报关单填制规范》所规定的报关单格式以外，专用于特定区域、特定货物以及特定运输方式的进出境报关单。其性质、效能及填制方式与进出口货物报关单基本一致。

一、保税区进出境货物备案清单

保税区进出境货物备案清单（以下简称保税区备案清单）是由海关规定统一格式，由保税区内企业或其代理人填制并向保税区海关提交的申请货物进出保税区的法律文书，是海关依法对出、入保税区货物实施监督管理的重要凭证。

保税区备案清单适用于保税区从境外进口的货物（包括加工贸易料件、转口货物、仓储货物）和保税区运往境外的出口货物；不包括保税区与国内非保税区之间进出口的货物，区内企业从境外进口自用的机器设备、管理设备、办公用品，以及区内工作人员自用的应税物品。

保税区备案清单为一式五联，分别为：进（出）地海关存查联，海关统计联，主管海关存查联，备案单位存查联，进境付汇核销、出境结汇专用联。

保税区备案清单的填制格式、内容及填制要求与报关单基本相同。

二、出口加工区进出境货物备案清单

出口加工区进出境货物备案清单（以下简称出口加工区备案清单）是由海关规定统一格式，由出口加工区内企业或其代理人填制，并向出口加工区海关提交的申请货物运入或运离出口加工区的法律文书，是海关依法对出入出口加工区货物实施监督管理的重要凭证。

出口加工区备案清单主要适用于出口加工区实际进出境货物、加工区与国内其他地区之间的非实际进出境货物、同一出口加工区内或不同出口加工区之间的企业结转（调拨）货物。

出口加工区备案清单的填制，除个别栏目外，与报关单的填制相同。对出口加工区备案清单中的以下栏目应按下列规定填报。

1.　进出口口岸

对加工区进出境货物，应按货物实际进出境的口岸海关名称及代码填报；对加工区进出区货物，应填报本出口加工区海关名称及代码；对属同一区内结转（调拨）货物，应填报本出口加工区海关名称及代码；对不同出口加工区之间结转（调拨）货物，应填报对方出口加工区海关名称及代码。

2. 备案号

对出入出口加工区的保税货物,应填报标记代码为"H"的电子账册备案号;对出入出口加工区的征免税货物,应填报标记代码为"H"且第 6 位为"D"的电子账册备案号;对出口加工区企业的维修、测试、检验、展览及暂准进出口货物运往区外的,不需填报备案号。

3. 运输方式

对加工区进出境货物,其填报与进出口报关单的要求相同;对加工区进出区的货物,应填报"Z";对加工区结转(调拨)货物,填报"9"。

三、过境货物报关单

过境货物报关单是指由过境货物经营人向海关递交申请过境货物进(出)境的法律文书,是海关依法监管货物过境的重要凭证。

四、进(出)境快件报关单

进(出)境快件报关单是指进出境快件运营人向海关提交的申报以快件运输方式进出口货物、物品的报关单证。

进(出)境快件报关单包括 KJ1 报关单、KJ2 报关单、KJ3 报关单。(其使用范围见第六章第六节。)

五、暂准进口单证册

暂准进口单证册(以下简称 ATA 单证册)是指由世界海关组织通过的《货物暂准进口公约》及其附约 A 和《关于货物暂准进口的 ATA 单证册海关公约》中规定的,用于替代各缔约方海关暂准进出口货物报关单和税费担保的国际统一通用的海关报关单证。

由于我国目前只加入了展览品暂准进口使用 ATA 单证册的有关国际公约,因此,我国目前只接受属于展览品范围的 ATA 单证册。有关单位向海关递交 ATA 单证册时,应递交中文或英文填报的 ATA 单证册。如递交英文时,应提供中文译本;用其他文字填写的,必须同时递交忠实于原文的中文或英文译本。

六、集中申报清单

集中申报是指经向海关备案,进出口货物收发货人在同一口岸多批次进出口属于我国《中华人民共和国海关进出口货物集中申报管理办法》规定范围内的货物,可以先以"海关进(出)口货物集中申报清单"申报货物进出口,然后在海关规定的期限内再以进(出)口货物报关单集中申报手续的特殊通关方式。

综 合 实 训

一、进出口货物报关单填制

请根据各练习题所附的资料，按照《报关单填制规范》，填写进口或出口货物报关单。

（一）进口货物报关单填制

【业务背景】

上海顺达贸易发展公司（经营单位代码 2201213070）于 2010 年 11 月 1 日进口货物一批。次日凭"入境货物通关单"（代码及编号为 A：440300201016448）、"自动进口许可证（机电产品）"（代码及编号为 O：D1014540）及有关单证，由该公司自理向上海浦东海关（关区代码 2201）报关。商品编码为：8441 1000；法定计量单位：台；保险费率 0.3%；集装箱自重：4000 千克。

【实训要求】请根据以上业务背景，结合下列相关资料，填写进口货物报关单。

【实训建议】实训中教师可结合该笔业务的情况，增设进口通关相关环节实施训练。

【相关资料】①发票；②装箱单。

1. 发票。

HAIDA HEALTH MANAGEMENT LTD.

TONG SHING BUILDING A,80 SHEUNG SHA WAN ROAD

KOWLOON,U.S.A

INVOICE

No.SH04—10—001   Date：October28.2004

INVOICE of

For account and risk Messrs.SHANGHAI SHUNDA TRADE DEVELOPMNT CORP

9/F No.266 DONG FENG XI RD, SHANGHAI P.R. CHINA 上海顺达贸易发展公司 2201213070（上海浦东新区）

Shipped by HAIDA HEALTH MANAGEMENT LTD   Per QIAN JIN 308

sailing on or about Oct. 31, 2004 From BOSTON U.S.A to PUDONG PORT,SHANGHAI CHINA

L/C No. 360LC010050115   Contract No. SHDI01—16HH024

Mark & Nos.	Description of Googs	Quantity	Unit Price	Amount
VADI BOSTON U.S.A C/No 1—10	VIDD CUTTING MACHINES （VI-400） （VIDD 牌 切纸机 VI—400）	80 PCS	CFR SHIANG HAI USD 6,500.00	USD 52,000.00
	COUNTRY OF ORJGIN:: GERMANY	80 PCS		USD 52,000.00
	SAY TOTAL U.S. DOLLARS FIFTY TOE THOUSAND ONLY.			

HAIDA HEALTH MANAGEMENT LTD. U.S.A

2. 装箱单。

HAIDA HEALTH MANAGEMENT LTD.
TONG SHING BUILDING A, 80 SHEUNG SHA WAN ROAD
KOWLOON, U.S.A

PACKING LIST

No.SH04—10—001   Date: October28.2004

PACKING LIST of   B/L NO: SH1013580

For account and risk Messrs. SHANG HAI SHUNDA TRADE DEVELOPMNT CORP MRKS&NOS

9/F No.266 DONG FENG XI RD SHANGHAI P.R. CHINA   VADL

Shipped by HAIDA HEALTH MANAGEMENT LTD Per QIAN JIN 308   (IN TRI)

Sailing on or about Oct. 31, 2004   BOSTON U.S.A

From BOSTON U.S.A toPUDONG PORT,SHANGAI CHINA   C/No.1—10

Packing No.	Description	Quantity	Net Weight	Gross Weight	Measurement
1—10	VIDD CUTTING MACHINES (VI—400) (VIDD 牌 切纸机 VI-400)	@8 PCS	@144.00 kg	@156.00 kg	
		80 PCS	1,440.00 kg	1,560.00 kg	
	TOTAY: 10 CASES	80 PCS	1,440,00 kg	1,560.00 kg	
	SAT TOTAL THE (10) GASES ONLY.				
	2×40'CONTAINER CONTAINER NO: ABTU136898—9 ABTU136899—8				

HAIDA HEALTH MANAGEMENT LTD. U.S.A

【填制进口货物报关单】

中华人民共和国海关进口货物报关单

预录入编号：　　　　　　　　　　　　　　　　　　海关编号：

进口口岸		备案号		进口日期	申报日期
经营单位		运输方式		运输工具名称	提运单号
收货单位		贸易方式		征免性质	征税比例
许可证号	起运国（地区）			装货港	境内目的地
批准文号	成交方式		运费	保费	杂费
合同协议号	件数		包装种类	毛重（公斤）	净重（公斤）
集装箱号	随附单据				用途
标记唛码及备注					

项号	商品编号	商品名称、规格型号	数量及单位	原产国（地区）	单价	总价	币制	征免

税费征收情况			
录入员　　录入单位	兹声明以上申报无讹并承担法律责任		海关审单批注及放行日期（签章）
报关员			审单　　　　审价
单位地址	申报单位（签章）		征税　　　　统计
邮编　　电话　　填制日期			查验　　　　放行

（二）出口货物报关单填制

【业务背景】

贵阳永发服装有限公司（520191××××）委托广州永安商贸进出口公司（440191××××）于 2010 年 10 月 10 日持《进料加工登记手册》（C5219200238）对其合同项下的出口成品：餐巾和浴巾（该批纺织品分别在手册的第 3、5、9 项序号），向广州新风海关（关区代码 5101）申报，核销单号为 445042301，法定计量单位条/千克，餐巾和浴巾的商品编码分别为 6302.9100、6302.6010。运费 1000 美元，保险费率 0.3%，各集装箱自重 2280 千克。

【实训要求】请根据上述背景及以下相关资料填写出口货物报关单。

【实训建议】实训中教师可结合本笔业务的情况，增设出口通关相关环节实施训练。

【相关资料】①发票；②装箱单。

1．发票。

广州永安商贸进出口公司

GUANGZHOU YONG AN COMMERCIAL &TRADE I/N CO., LTD

INVOCICE

OCT.10,2004

To: M/S PPC,INC

2626 MAMIE EISENHOWER DRIVE

BOONEI IOWA 50036 U.S.A

No.of invoice: GZB 0408—10

Sales Confirmation No. 04GZ—B268

Terms:

From GUANGZHOU CHINA (PORT OF LOADING) to SEATTLE U.S.A (PORT OF DIS-CHARGE)

Shipped per BO HAI/B0988upon Bill of Lading USA—S0189

Sailing on or about OCT 10 2004 to VANCOUVER CANADA （FINAL DESTINATION）

Paid by DOCUMENTS AGAINST PAYMENT

Marks & Nos	Quantities and Description	Unit Price	Amount
			CNF SEATTLE
	KITCHEN TOWEL OF COTTON		
04GZ-B268	15×25' 9,600 PCS/800 DOZENS	USD 10.00/PCS	USD 96,000.00
C/NO. 1—100			
MADE IN CHINA	BATH TOWELS OF COTTON		
	25×35' 6,000 PCS/500DOZENS	USD 15.00/PCS	USD 90,000.00
	25×35'6,000 PCS/500DOZENS	USD 20.00/PCS	USD 120,000.00
TOTAL:	100CARTONS/1,800DOZ/21,600PCS		USD 225,000.00

广州永安商贸进出口公司

GUANGZHOU YONG AN COMMERCIAL &TRADE I/N CO., LTD

2. 装箱单。

广州永安商贸进出口公司

GUANGZHOU YONG AN COMMERCIAL &TRADE I/N CO., LTD

PACKING LIST

Sold to PPC,INC 2626 MAMIE EISENHOWER DRIVE BOONEI IOWA 50036 U.S.A	No. of Invoice GZB 0408—10 Date OCT.10,2004	Reference No
Consignee	Country of Origin CHINA	Country of Destination
Means of Transport and Route Shipper per On or about	Remark	
From Via GUANGZHOU SEATTLE To VANCOUVER	Terms of Payment	

Marks and Numbers	Number and Kind of Packages Description Goods Quantity	Net Weight	Gross Weight	Measurement
	KITCHEN TOWEL OF COTTON			
04GZ—B268 C/No.1—10 MADE IN CHINE	9,600 PCS/800 DOZENS	70kg	80kg	15×25'
	BATH TOWELS OF COTTON			
	6,000PCS/500 DOZENS	40kg	50kg	25×35'
	6,000PCS/500 DOZENS	50kg	60kg	35×45'
CONTAINER NO.	GZHU867688/GZHU867689 1×20'(40 PACKAGES) 1×20'(60 PACKAGES)			
TOTAL: 100 CARTONS/1,800DOZ/21,600PCS		160kg	190kg	

广州永安商贸进出公司

GUANGZHOU YONG AN COMMERCIAL &TRADE I/N CO., LTD

【填制出口货物报关单】

中华人民共和国海关出口货物报关单

进料加工专用

预录入编号： 　　　　　　　　　　　　　海关编号：

出口口岸		备案号	出口日期	申报日期
经营单位		运输方式	运输工具名称	提运单号
收货单位		贸易方式	征免性质	结汇方式
许可证号	运抵国（地区）		指运港	境内货源地
批准文号	成交方式	运费	保费	杂费
合同协议号	件数	包装种类	毛重（公斤）	净重（公斤）
集装箱号	随附单据			生产厂家

标记唛码及备注

项号	商品编号	商品名称、规格型号	数量及单位	最终目的国（地区）	单价	总价	币制	征免

税费征收情况

录入员　　　　录入单位	兹声明以上申报无讹并承担法律责任	海关审单批注及放行日期（签章）	
报关员		审单	审价
单位地址	申报单位（签章）	征税	统计
邮编　　　电话	填制日期	查验	放行

二、进出口货物报关单改错

请根据所提供的单据资料，按照《报关单填制规范》的要求，指出以下进、出口报关单填制存在的差错。

【实训建议】实训中教师可结合教学的情况，增设分析差错原因及改错环节，实施训练。

（一）进口货物报关单改错

【业务背景】

一批货物于 2011 年 4 月 10 日进口，于 2011 年 4 月 16 日由广州粮油食品进出口公司在广州新风海关（关区代码 5101）自理报关，收货单位为广州番禺炼油厂（广州番禺）。入境货物通关单（A：×××××××××××），手册号 C51018100663，该货列手册第 4 项。

【实训要求】请指出已填制的进口货物报关单填制存在的差错。

【相关资料】①装箱单；②提单；③发票。

1. 装箱单。

PROSPERITY TIEH ENTERPRISE CO.,LTD

PACKING LIST

CONTRACT NO: AS806001B   MARCH 26, 03

MARKS & NOS	DESCRIPTION OF GOODS	NET WEIGHT	GROSS WEIGHT
AS806001B	LIQUID OIL	@275.00 kg	@279.00 kg
D/NO. 1—288	(MELTING POINT 19℃~24℃)	79,200.00 kg	80,352.00 kg
GUANGZHOU CHINA			

TOTAL PACKAGES: 288 DRUM PACKING: STANDARD EXPORT PACKING

PROSPERITY TIEH ENTERPRISE CO.,LTD

2. 提单。

Shipper:		LPENSHAP03179
PENF IBRE SON BERHAD		B/L. TPWJ—0333
—OT 109—114, PRAI FREE TRADE ZONE	PIL	
13600 PRAI PROVINCE WELLESLEY	PACIFIC INTERNATIONAL LINES (PTE) LTD	
	(Incorporated Singapore)	
MALAYSIA	COMBINED TRANSPORT BILL OF LADING	
Consignee Or Order Of "Order" State Notify Party Code:	SEE TERMS ON ORIGINAL B/L	
TO ORDER		
Notify Party Code:		
GUANGZHOU GRAIN OIL LMP. & EXP. CO.,LTD.		

Vessel and voyage number		Port Of Loading		Port Of Discharge	
KOTA WIJAYA/ 096		PENANG, MALAYSIA		GUANGZHOU, CHINA	
Place Of Receipt		Place Of Delivery		Number Of Original B/L	
CY PENANG, MALAYSIA		CY GUANGZHOU, CHIINA		THREE (3)	

Container Nos/Seal Nos. Marks and Numbers	No Of Container/ Packing	Description Of Goods	Gross Weight (kg)	Measurement (cu—meters)
AS8060018	288 DRUM	SHIPPER'S LOAD & COUNT'	80,352.kg	MELTING
D/NO.1—288		3×40' CONTAINER STC		POINT
GUANZHOU,CHINA				19℃~24℃
CONTAINER/SEAL NO.		LIQUID OIL		
IBSU4409424/TAREWGT		MANUFACTURE: PENF IBRE		
4000 kg		SON BERHAD		
PIL329402—96 BALES/		ORIGIN: MALAYSIA		
ISTU7197509/TAREWGT		PACKING: STANDARD		
4000 kg		ESPORT PACKING		
PIL329403—96 BALES/				
IAXU485481/TAREWGT		"FREIGHT PREPAID"		
4000 kg				
PIL329404—96 BALES				

24 MAR 2003

SHIPPED ON BOARD

3. 发票。

PROSPERITY TIEH ENTERPRISE CO., LTD
COMMERCIAL INVOICE

Invoice No.: 03RB0302

Date: <u>MARCH 26,03</u>

For account of Messrs: GUANGZHOU GRAIN OIL IMP. & EXP. CO .,LTD., 421 DATAN ROAD GUANGZHOU CHINA, 广州粮油食品进出口公司 企业编码：4423910101	Contract No: AS806001B
	XL/C NO. LG03/00010 Issued by: OCBC BANK, GUANGZHOU BRANCH
	D/P Payment, to be collected by:

Port of Loading: PENANG,MALAYSIA	Destination: GUANGZHOU, CHINA
Name of Vessel: KOTA WIJAYA/096	Sailing Date: MARCH 24, 98

Marks & No. Of Package	Total Quantity & Description of Goods	Unit Price & Total Amount
AS806001B D/No. 1-288 GUANGZHOU CHINA	棕榈油 LIQUID OIL(MELTING POINT 19℃~24℃) HS CODE 15119010, 计量单位：千克 QUANTITY:79,200.00 kg GROSS WEIGHT:80,352.00 kg PACKING:STANDARD EXPORT PACKING MANUFACTURER:PENFIBRE SDN BERHAD ORIGIN:MALAYSIA I: 0.2%	UNIT PRICE: USD 0.98/kg C&F GUANGZHOU, CHINA TOTAL AMOUNT: USD 77,616.00
	TOTAL AMOUNT SAY UNITED STATES DOLLARS SEVENTY SEVEN THOUSAND SIX HUNDRED AND SIXTEEN ONLY	

PROSPERITY TIEH ENTERPRISE CO., LTD

【已填制的进口货物报关单】

中华人民共和国海关进口货物报关单

进料加工专用

预录入编号： 海关编号：

进口口岸		备案号	进口日期	申报日期
广州新风海关 5101		C51018100663		
经营单位		运输方式	运输工具名称	提运单号
广州粮油食品进出口公司 4423910101		江海运输	KOTA WIJYA/096	TPWJ-0333
收货单位		贸易方式	征免性质	征税比例
广州番禺炼油厂		进料对口	进料加工	
许可证号	起运国（地区）		装货港	境内目的地
	马来西亚		槟城	广州番禺其他
批准文号	成交方式	运费	保费	杂费
	CIF			
合同协议号	件数	包装种类	毛重（公斤）	净重（公斤）
AS806001B	288	桶	80,352	79,200
集装箱号	随附单据		用途	
	A:××××××××××××××××		加工返销	
标记唛码及备注	AS806001B D/NO: 1-288 GUANGZHOU CHINA			

项号	商品编号	商品名称、规格型号	数量及单位	原产国（地区）	单价	总价	币制	征免
01	15119019	棕榈油 （熔点 19℃~24℃） LIQUID OIL （MELTING POINT 19℃~24℃）	79,200 千克	马来西亚	0.98	77,616.00	USD	全免

税费征收情况

录入员　　　录入单位	兹声明以上申报无讹并承担法律责任	海关审单批注及放行日期（签章）	
报关员		审单	审价
		征税	统计
单位地址	申报单位（签章）	广州粮油食品进出口公司报关专用章	
		查验	放行
邮编　　　电话　　　填制日期			

（二）出口货物报关单改错

【业务背景】

广东鸿威集团进出口有限公司（4423910014）于 2011 年 8 月 23 日委托粤海国际货运有限公司（4401980018）向广州新风海关（关区代码 5101）申报出口牵引车一批，发货单位与经营单位相同（广州番禺），生产厂家为"新风牵引车厂"。

【实训要求】请指出已填制的出口货物报关单填制存在的差错。

【相关资料】①发票；②装箱单。

1. 发票。

广东鸿威集团进出口有限公司

GUANGDONG HOWEI GROUP IMP.＆EXP.CO., LTD.

广州沿江路 38 号

38 YanJiang Road Guangzhou China

INVOICE

电话 Tel: (020)81102638　　　　　　　　　　号码 NO.: 92H034XE/03

传真 Fax: (020)81102668　　　　　　　　　　日期 DATE: MAR. 23, 2003

　　　　　　　　　　　　　　　　　　　　　提货单号 B/L No <u>OLU90137181</u>

此致 Accounted <u>M/S .BUILDERS＆MACHINERY LTD,211,NAWABPUR ROAD,SYDNEY,AUSTRALIA</u>

装运工具 Shipped Per <u>BY STEAMER</u> From <u>GUANGZHOU</u> to <u>SYDNEY PORT</u>

合同号 Contract No.: <u>03MEXN</u>

信用证号 L/C No.: <u>INB/CSD 03/166</u>　　　　　　　　外汇核销单编: 31/0505394

唛头 Shipping Mark	品名及数量 Descriptions and Quantity	单位 Unit Price	金额 Amount
AUSTRALIA 03MEXN C/NO.1—10	牵引车 TRACTOR MODEL: MEGN—12		FOB SYDNEY
MADE IN CHINA	10 辆	USD 800.00/辆	USD8,000.00
	HS CODE 87091110 计量单位：辆		

广东鸿威集团进出口有限公司

GUANGDONG　HOWEI　GROUP　IMP.＆EXP.CO.,　LTD.

2. 装箱单。

广东鸿威集团进出口有限公司

GUANGDONG HOWEI GROUP IMP. & EXP.CO., LTD.

广州沿江路 38 号

38 YanJiang Road Guangzhou China

PACKING LIST

电话 Tel: (020)81102638   发票号 Invoice No.: 92H034XE/03

传真 Fax: (020)81102668   合同号 Contract No: 03MEXN

收货人代号 Consignee Code: M/S BUILDERS & MACHINERY LTD.

船名及航次 Vessel Voy. No: DANUBHUM/S009   日期 DATE:MAR. 23, 2003

唛头 Shipping Mark	品名及件号 Descriptions and Part No.	单位 Unit	净重（公斤） Net Weight(kg)	毛重（公斤） Gross Weight(kg)	金额 Amount
AUSTRALIA 03MEXN C/NO.1—10 MADE IN CHINA	牵引车 TRACTOR MODEL: MEGN—12	WOODEN CASE	600.00kg	636.00kg	USB8,000

广东鸿威集团进出口有限公司

GUANGDONG HOWEI GROUP IMP. & EXP.CO.,LTD.

【已填制的出口货物报关单】

中华人民共和国海关出口货物报关单

预录入编号：　　　　　　　　　　　　　　　　海关编号：

出口口岸 广州新风海关 5101		备案号	出口日期	申报日期
经营单位 4401980018 粤海国际货运有限公司		运输方式 江海运输	运输工具名称 DANU BHUM/S009	提运单号 OLU90137181
发货单位 粤海国际货运有限公司		贸易方式 一般贸易	征免性质 一般征税	结汇方式 L/C
许可证号	运抵国（地区） 澳大利亚		指运港 悉尼	境内货源地 广州番禺其他
批准文号 31/0505394	成交方式 FOB	运费	保费	杂费
合同协议号 03MEXN	件数 10	包装种类 木箱	毛重（公斤） 636	净重（公斤） 600
集装箱号 0	随附单据			生产厂家 新风牵引车厂
标记唛码及备注	AUSTRALIA 03MEXN C/NO: 1-10 MIDE IN CHINA			

项号	商品编号	商品名称、规格型号	数量及单位	最终目的国（地区）	单价	总价	币制	征免
01	87091110	牵引车	600 公斤	悉尼	800	8,000	USD	照章征税
02		MODEL: MEGN-12						

税费征收情况		
录入员　　　　录入单位	兹声明以上申报无讹并承担法律责任	海关审单批注及放行日期（签章）
报关员		审单　　　　　　　　审价
单位地址	申报单位（签章）　粤海国际货运有限 公司报关专用章	征税　　　　　　　　统计
邮编　　　　电话	填制日期	查验　　　　　　　　放行

第 六 章

其他海关监管货物的报关

本章主要内容

海关监管货物是指自进境起到办理海关手续止的进口货物,自向海关申报起到出境止的出口货物,以及自进境起到出境止的过境、转运和通运货物等应当接受海关监管的货物。其包括:一般进出口货物,保税货物,特定减免税货物,暂准进出境货物,过境、转运、通运货物以及其他尚未办结海关手续的进出境货物。

本章主要介绍除一般进出口货物(见第三章)以外的其他海关监管的货物极其报关要点。

学习要求

1. 了解其他海关监管货物的基本概念、种类和范围。
2. 了解其他海关监管货物的监管特征和海关监管要求。
3. 了解其他海关监管货物的报关要点。

技能目标

能办理其他海关监管货物报关的一般手续。

第一节　海关监管货物的特殊申报程序

一、进出境快件申报程序

（一）快件概述

进出境快件是指进出境快件运营人，以向客户承诺的快速商业运作方式承揽、承运的进出境的货物、物品。

进出境快件分为文件类、个人物品类和货物类。

文件类进出境快件是指法律、行政法规规定予以免税且无商业价值的文件、单证及资料。

个人物品类进出境快件是指海关法规规定自用、合理数量范围内的进出境的旅客分离运输行李物品、亲友间相互馈赠物品和其他个人物品。

货物类进出境快件是指文件类、个人物品类进出境快件以外的进出境快件。

（二）申报程序

1. 申报方式

进出境快件运营人应当按照海关的要求采用纸质文件方式或电子数据交换方式向海关办理进出境快件的报关手续。

2. 申报期限

运营人应当自运输工具申报进境之日起 14 日内，出境快件在运输工具离境 3 小时之前，在海关正常办公时间内向海关申报。

3. 申报单证

不同的进出境快件申报时需要提供不同的单证。

文件类进出境快件报关时，运营人应当向海关提交"中华人民共和国海关进出境快件 KJ1 报关单"、总运单副本和海关需要的其他单证。

个人物品类进出境快件报关时，运营人应当向海关提交"中华人民共和国海关进出境快件个人物品报关单"，每一进出境快件的分运单、进、出境快件收、发件人身份证件影印件和海关需要的其他单证。

货物类快件报关时，对准予免税的货样、广告品，应当提交"中华人民共和国海关进出境快件 KJ2 报关单"，每一进出境快件的分运单、发票和海关需要的其他单证；对应予征税的货样、广告品，应提交"中华人民共和国海关进出境快件 KJ3 报关单"及其他必备单证。

其他进出境的货物类快件，一律按进出口货物相应的报关程序提交申报单证。

二、进出境货物集中申报程序

（一）概述

集中申报是指经海关备案，进出口货物收发货人在同一口岸多批次进出口规定范围内货物，可以先以集中申报清单申报货物进出口，再以报关单集中办理海关手续的特殊通关方式。

1. 范围

（1）适用集中申报方式的货物

适用集中申报方式的货物有：

1）图书、报纸、期刊类出版物等时效性较强的货物。

2）危险品或者鲜活、易腐、易失效等不易长期保存的货物。

3）公路口岸进出境的保税货物。

（2）不适用集中申报方式的情形

不适用集中申报方式的情形有：

1）涉嫌走私或者违规，正在被海关立案调查的收发货人进出口货物。

2）因进出口侵犯知识产权货物被海关依法给予行政处罚的收发货人进出口货物。

3）适用 C 类或者 D 类管理类别的收发货人进出口货物。

2. 备案管理

1）备案地点。收发货人应当在货物所在地海关办理集中申报备案手续。

加工贸易企业应当在主管地海关办理集中申报备案手续。

2）备案单证。收发货人申请办理集中申报备案手续，应当向海关提交"适用集中申报通关方式备案表"。

3）备案担保。收发货人申请办理集中申报备案手续的，应当提供符合海关要求的担保，担保有效期最短不得少于 3 个月。

4）备案有效期。备案有效期限按照收发货人提交的担保有效期核定。在备案有效期内，收发货人可以适用集中申报通关方式。

5）备案变更、延期和终止。申请适用集中申报通关方式的货物、担保情况等发生变更时，收发货人应当向原备案地海关书面申请变更。

备案有效期届满可以延续。收发货人需要继续适用集中申报方式办理通关手续的，应当在备案有效期届满 10 日前向原备案地海关书面申请延期。

收发货人在备案有效期届满前未向原备案地海关申请延期的，备案表效力终止。

（二）申报程序

1. 电子申报

（1）申报时间

进口货物的申报时间为自运载进口货物的运输工具申报进境之日起 14 日内；出口货物的申报时间为自出口货物运抵海关监管区后、装货的 24 小时前。

（2）申报单证

根据货运单据填制"海关进、出口货物集中申报清单"，按清单格式录入电子数据向海关申报。海关审核集中申报清单电子数据，经审核发现集中申报电子数据与集中申报备案数据不一致的，应当予以退单，凡被退单的，收发货人应当以报关单方式向海关　　　申报。

2. 纸质单证申报

（1）提交集中申报清单及随附单证

收发货人应当自海关审结集中申报清单电子数据之日起3日内，持集中申报清单及随附单证到货物所在地海关办理交单验放手续。属于许可证件管理的，收发货人还应当提交相应的许可证件。

收发货人未在规定期限办理相关海关手续的，海关删除集中申报清单电子数据，收发货人应当重新向海关申报。重新申报日期超过运输工具申报进境之日起14日的，应当以报关单申报。

收发货人在清单申报后申请修改或者撤销集中申报清单的，按报关单修改和撤销的规定办理。

（2）报关单集中申报

收发货人应当对一个月内以集中申报清单申报的数据进行归并，填制进出口货物报关单，一般贸易货物在次月10日之前、保税货物在次月底之前到海关办理集中申报手续。

第二节　保税加工货物

保税加工货物是指经海关批准未办理纳税手续进境，在境内加工、装配后复运出境的货物。加工贸易通常有来料加工和进料加工两种形式。

一、保税加工货物的特征

保税加工货物的特征为：

1）料件进口时暂缓缴纳进口关税及进口环节海关代征税，成品出口时除另有规定外无需缴纳关税。

2）料件进口时除国家另有规定外免予交验进口许可证件，成品出口时凡属许可证件管理的，必须交验出口许可证件。

3）进出境海关现场放行并未结关。

二、保税加工货物的范围

保税加工货物的范围为：

1）专为加工、装配出口产品而从国外进口且海关准予保税的原材料、零部件、元器件、包装物料、辅助材料（简称料件）。

2）用进口保税料件生产的成品、半成品。

3）在保税加工生产过程中产生的副产品、残次品、边角料和剩余料件。

三、海关监管特征和要求

（一）海关监管模式

海关对保税加工货物的监管模式有两大类：一类是物理围网的监管模式，采用海关特殊监管区域进行监管；另一类是非物理围网的监管，采用纸质手册管理或计算机联网监管。

（二）海关监管特征

保税货物海关监管特征可以概括为以下五点：

1）商务审批。加工贸易业务必须经过商务主管部门审批才能进入海关备案程序。

2）备案保税。加工贸易料件经海关批准才能保税进口。凡是准予备案的加工贸易料件进口时可以暂不办理纳税手续。（保税加工货物的保税期限及核销期限见表 6.1。）

3）纳税暂缓。专为加工出口产品而进口的料件，按实际加工复出成品所耗用料件的数量准予免交进口关税和进口环节增值税、消费税。

4）监管延伸。海关对保税加工货物的监管无论是地点还是时间，都需要延伸。

5）核销结关。保税加工货物经过海关核销后才能结关。

表 6.1　保税加工货物的保税期限及核销期限

分类	保税期限	核销期限
纸质手册管理 电子账册管理	一般保税期限为一年，经批准可延长一年	合同期满或最后一批成品出口之日起 30 天内
电子账册管理	从记录第一批料件进口之日起到该电子账册被撤销止	实行定期报核，一般以 180 天为一个报核周期
出口加工区	从进境进区起至出区出境或出区入境办结海关手续止	每 180 天向海关申报 1 次保税加工货物的进出境、进出区的实际情况
珠海园区	从进境进区起至出区出境或出区入境办结海关手续止	每年向海关办理报核 1 次

四、加工贸易保税货物报关程序

纸质手册管理模式的主要特征是以合同为单元进行监管，其基本程序是合同备案、进出口报关、合同报核。

（一）合同备案

加工贸易合同备案是指加工贸易企业持合法的加工贸易合同到主管海关备案，申请保税并领取加工贸易《登记手册》或其他准予备案凭证的行为。国家规定开展加工贸易业务应当由经营企业到加工企业的所在地主管海关办理加工贸易合同备案手续。经营企业和加工企业有可能是同一个企业，也可能不是同一个企业。加工贸易的经营企业是指负责对外签订加工贸易进出口合同的各类进出口企业，包括外商投资企业。加工企业是指接受经营单位委托，负责对进口料件进行加工或装配，且具有法人资格的生产企业。

海关对加工贸易备案商品实行分类管理，分为禁止类、限制类、允许类三类。

加工贸易合同项下海关准予备案的料件，全额保税。加工贸易合同项下海关不予备案的料件，以及试车材料、未列名消耗性物料等，不予保税，进口时按照一般进口货物照章征税。

国家对加工贸易实施银行保证金台账制度管理。加工贸易银行保证金台账制度是指加工贸易的合同在主管海关登记备案时，加工贸易企业持商务主管部门批准的加工贸易合同批准文件，凭海关核准的手续，按合同料件金额向指定的中国银行申请设立加工贸易进口料件保证金台账，加工成品在规定期限内全部出口，经海关核准合同后，由银行核准保证金台账的管理制度。

保证金台账制度的核心内容是对不同地区的加工贸易企业和加工贸易涉及的进口商品实行分类管理，对部分企业进口的部分料件，由银行按照海关根据规定计算的金额征收保证金。

海关凭中国银行签发的《设立保证金台账通知单》，签发加工贸易《登记手册》交企业。当料件进口和加工成品出口时海关凭受理加工贸易《登记手册》、《进出口货物报关单》等必备报关单证办理进出口货物报关手续。

> **网络链接**
>
> 保税加工货物报关指南可链接
>
> http://www.customs.gov.cn/default.aspx?tabid=2557

（二）进出口报关

纸质手册管理下的保税加工货物报关，进出口报关阶段视实际情况不同，有进出境货物报关、深加工结转货物报关和其他保税加工货物报关等三种情形。

1. 进出境货物报关

保税加工货物进出境的报关程序与一般进出口货物一样，也有四个环节，其中申报、配合查验、提取货物或装运货物三个环节与一般进出口货物基本一致，有区别的是，保税加工货物进境的报关程序第三个环节不是缴纳税费，而是暂缓纳税（即保税）。

进口料件，除易制毒化学品、监控化学品、消耗臭氧层物质、原油、成品油等个别规定商品外，均可以免予交验进口许可证件。出口成品，属于国家规定应交验出口许可证的，在出口报关时必须交验出口许可证。

准予保税的加工贸易料件进口时暂缓纳税。加工贸易项下出口应税商品，如系全部使用进口料件加工的产品，不征收出口关税。加工贸易项下出口应税商品，如系部分使用进口料件加工的产品，则按海关核定的比例征收出口关税。

2. 深加工结转货物报关

加工贸易深加工结转是指加工贸易企业将保税进口料件加工的产品转至另一家加工贸易企业进一步加工后复出口的经营活动。其程序分为计划备案、收发货登记、结转报关三个环节。

3. 其他保税加工货物的报关

其他保税加工货物是指履行加工贸易合同过程中产生的剩余料件、边角料、残次品、副产品和受灾保税货物。对于履行加工贸易合同中产生的上述货物，企业必须在手册有效期内处理完毕。处理的方式有内销、结转、退运、放弃、销毁等。除销毁处理外，其他处理方式都必须填制报关单报关。

（三）合同报核

加工贸易合同报核，是指加工贸易企业在加工贸易合同履行完毕或终止合同并按规定对未出口部分货物进行处理后，按照规定的期限和规定的程序，向加工贸易主管海关申请核销要求结案的行为。

经营企业应当在规定的期限内将进口料件加工复出口，并自加工贸易《登记手册》项下最后一批成品出口或者加工贸易《登记手册》到期之日起 30 日内，持有关单证资料向海关报核。海关审核单证后，对加工贸易合同执行正常的，直接办理核销手续，予以结案，签发《核销结案通知书》，并签发《银行保证金台账核销联系单》交企业办理台账核销手续。

五、电子账册及电子化手册管理下的保税加工货物及其报关程序

海关对加工贸易企业实施联网监管，是指加工贸易企业通过数据交换平台或者其他计算机网络方式向海关报送能满足海关监管要求的物流、生产经营等数据，海关对数据进行核对、核算，并结合实物进行核查的一种海关保税加工监管方式。具体有以下两种。

（一）电子账册管理

电子账册管理是加工贸易联网监管中海关以加工贸易企业的整体加工贸易业务为单元对保税加工货物实施监管的一种模式。海关为联网企业建立电子底账，联网企业只设立一个电子账册。海关对电子账册的核销实行滚动核销形式。

电子账册的建立需经过加工贸易企业的联网监管申请和审批、加工贸易业务的申请和审批、建立商品归并关系和电子账册。其报关程序需经过备案、进出口报关和报核。加工贸易保税货物的报关程序示意图见图 6.1。

实施电子账册模式联网企业同样实行银行保证金台账制度。准予备案的进口料件一律保税。

（二）电子化手册管理

电子化手册管理是加工贸易联网监管的另一种监管方式。其以企业的单个加工贸易合同为单元实施对保税货物的监管，一个加工贸易合同建立一个电子化手册。

电子化手册的建立程序与报关程序和电子账册相同。

实施电子化手册模式联网企业同样也要实行银行保证金台账制度，目前在我国全国范围内实行台账电子化联网管理。

准予备案的进口料件一律保税。

```
┌─────────────────────────────────────┐
│  加工贸易合同报外经贸主管部门审批      │
└─────────────────────────────────────┘
                  ↓
┌─────────────────────────────────────┐
│  加工贸易合同预录入，向海关办理登记备案 │
└─────────────────────────────────────┘
                  ↓                                  ┌──────────────────────────┐
┌─────────────────────────────────────┐             │ 需设立保证金台账的，由海关签发《开设 │
│  海关审核，批准保税                   │──────────→  │   银行保证金台账联系单》    │
└─────────────────────────────────────┘             └──────────────────────────┘
                  ↓                                                 ↓
┌─────────────────────────────────────┐             ┌──────────────────────────┐
│  主管海关签发加工贸易《登记手册》       │←──────────  │  银行设立台账，            │
└─────────────────────────────────────┘             │  并签发《设立保证金台账通知单》 │
                  ↓                                  └──────────────────────────┘
┌─────────────────────────────────────┐
│  加工贸易料件进口并生产产品出口         │
└─────────────────────────────────────┘
                  ↓
┌─────────────────────────────────────────────────────┐
│  向海关申请核销，海关核销后签发《银行保证金台账核销联系单》 │
└─────────────────────────────────────────────────────┘
                  ↓
┌─────────────────────────────────────────────────────┐
│  向银行申请核销保证金台账，银行签发《保证金核销通知单》    │
└─────────────────────────────────────────────────────┘
                  ↓
┌─────────────────────────────────────────────────────┐
│  向海关办理核销结案手续，海关收回加工贸易《登记手册》归档   │
└─────────────────────────────────────────────────────┘
```

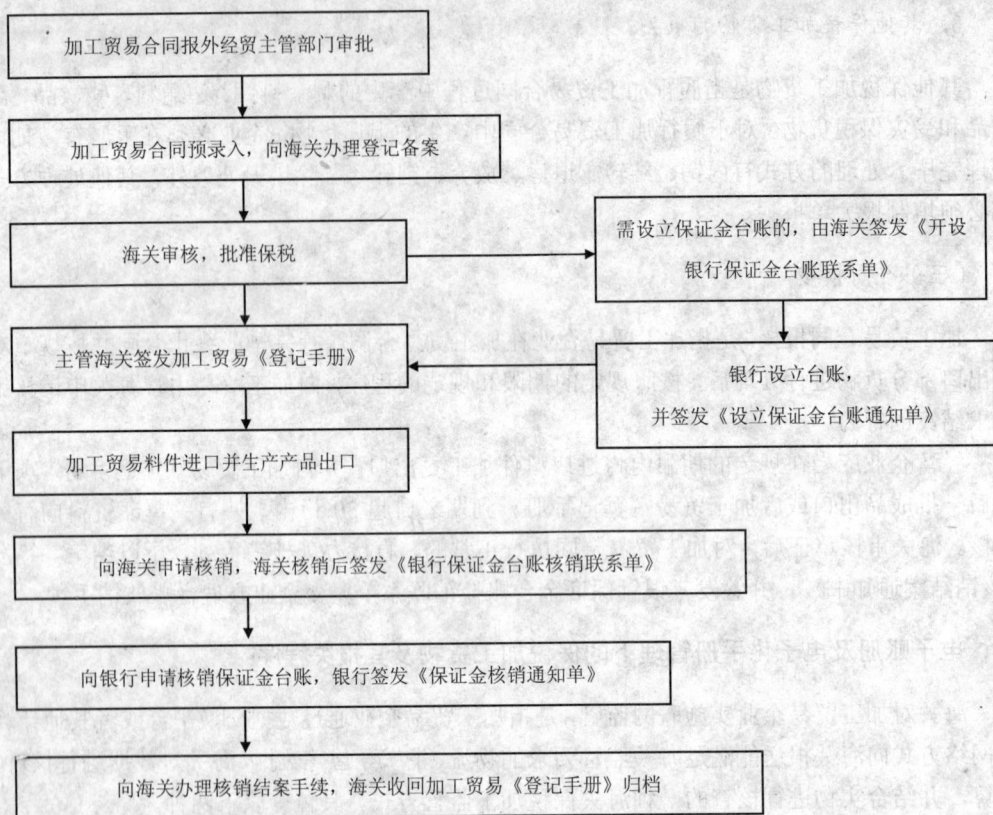

图 6.1　加工贸易保税货物的报关程序示意

网络链接

1. 加工贸易银行保证金台账电子化联网管理有关问题可链接
http://www.customs.gov.cn/publish/portal0/tab519/info210111.htm
2. 加工贸易联网监管业务指南可链接
http://www.customs.gov.cn/default.aspx?tabid=2553

六、出口加工区货物及其报关要点

出口加工区是指经国务院批准在中华人民共和国境内设立的，由海关对进出区货物及区内相关场所进行封闭式监管的特定区域。出口加工区具有从事保税加工、保税物流及研发、检测、维修等业务和功能。

（一）监管规定

出口加工区货物的监管规定为：

1）加工区与境内其他地区之间设隔离设施及闭路电视监控系统，海关依法对进出加工区的货物及区内相关场所实现 24 小时监管。

2）区内企业建立符合海关监管要求的电子计算机管理数据库，并与海关实行电子计算机联网，进行电子数据交换。

3）加工区与境外之间进出货物，除国家另有规定外，不实行进出口许可证件管理。国际禁止进出口的货物，不得进出加工区。

4）从境外运入出口加工区的加工贸易货物全额保税。

5）出口加工区内企业从境外进口的自用的生产、管理所需设备、物资，除交通车辆和生活用品外，予以免税。

6）出口加工区区内企业开展加工贸易业务，不实行加工贸易银行保证金台账制度，适用电子账册管理。

7）境内区外进入出口加工区的货物视同出口，办理出口报关手续，除属于取消出口退税的基建物资外，可以办理出口退税手续。

（二）报关要点

出口加工区企业从境外运进货物或运出货物到境外，由收发货人或其代理人填写进、出境货物备案清单，向出口加工区海关报关。

出口加工区运往境内区外的货物，或从境内区外运入出口加工区的货物，视同进出口，按照对进出口货物的有关规定办理报关手续。

> **网络链接**
>
> 出口加工区办事指南可链接
> http://www.customs.gov.cn/tabid/3075/default.aspx

七、珠海园区货物及其报关要点

珠澳跨境工业区是指经国务院批准设立，在我国珠海经济特区和澳门特别区之间跨越珠海和澳门关境线，由中国海关和澳门海关共同监管的海关特殊监管区域，由珠海园区和澳门园区两部分组成。

（一）珠海园区的功能

珠海园区位于我国关境内。其既具备保税区的功能，又具备出口加工区的功能，还具备口岸功能，可以从事保税物流，又可以从事保税加工及国际转贸易，是海关综合保税监管的特殊区域。

珠海园区可开展的业务包括：加工制造；检测、维修、研发；储存进出口货物及其他未办结海关手续货物；国际采购、分销和配送；国际转口贸易；国际中转；商品展示、展销以及经海关批准的其他加工和物流业务等。

（二）监管与报关要点

监管和报关要点为：

1）海关对区内企业实行电子账册监管制度和计算机联网管理制度。区内企业开展加工贸易不实行加工贸易银行保证金台账制度。

2）珠海园区从境外运进货物或运出货物到境外，实行备案制，由收发货人或其代理人填写进、出境货物备案清单，向珠海园区海关报关，不实行进出口配额、许可证件管理。

3）珠海园区运往境内区外的货物，或从境内区外运入珠海园区的货物，视同进出口，按照进出口货物的有关规定办理报关手续。需征税的，应按货物进出区时的实际状态征税，属许可证件管理的需出具进口许可证件。

> **网络链接**
>
> 关于珠澳跨境工业区珠海园区的相关规定可链接
> http://www.customs.gov.cn/publish/portal0/tab399/info218933.htm

第三节　保税物流货物

保税物流货物是指经海关批准未办理纳税手续进境，在境内储存后复运出境的货物，又称作保税仓储货物。

已办结海关出口手续尚未离境，经海关批准存放在海关保税监管场所或特殊监管区域的货物，带有保税物流货物的性质。

一、保税物流货物

（一）保税物流货物的监管特征

海关对保税物流货物的监管具有以下特征：

1）进境时暂缓缴纳进口关税及进口环节海关代征税，复运出境免税，内销应当缴纳进口关税和进口环节海关代征税，不征收缓税利息。

2）进出境时除国家另有规定外，免予交验进出口许可证件。

3）进境海关现场放行不是结关，进境后必须进入海关保税监管场所或特殊监管区域，运离这些场所或区域必须办理结关手续。

（二）保税物流货物的范围

保税物流货物包括：

1）进境经海关批准进入海关保税监管场所或特殊监管区域，保税储存后转口境外的货物。

2）已经办理出口报关手续尚未离境，经海关批准进入海关保税监管场所或特殊监管区域储存的货物。

3）经海关批准进入海关保税监管场所或特殊监管区域保税储存的加工贸易货物，供应国际航行船舶和航空器的油料、物料和维修用零部件，供维修外国产品所进口寄售的零配件，外商进境暂存货物。

4）经海关批准进入海关保税监管场所或特殊监管区域保税的其他未办结海关手续的进境货物。

（三）保税物流货物的管理

海关对保税物流货物的监管模式有两大类：一类是非物理围网的监管模式，包括保税仓库、出口监管仓库；另一类是物理围网的监管模式，包括保税物流中心、保税物流园区、保税区、保税港区（综合保税区）。

海关对各种监管形式的保税物流货物的管理，主要可以归纳为以下五点：

1. 设立审批

保税物流货物必须存放在经过法定程序审批设立的保税监管场所或者特殊监管区域。其中，保税仓库、出口监管仓库、保税物流中心须经海关审批；保税物流园区、保税区、保税港区要经过国务院审批。

未经法定程序审批同意设立的任何场所或者区域都不得存放保税物流货物。

2. 准入保税

保税物流货物通过准予进入保税监管场所或特殊监管区域来实现保税。

3. 纳税暂缓

保税物流货物可暂免纳税进境进入保税物流监管场所或特殊监管区域，直到运离海关保税监管场所或特殊监管区域时才根据货物流向或者征税，或者免税。征税时不需同时征收缓税利息。

4. 监管延伸

（1）监管地点延伸

进、出境货物从海关监管现场分别延伸到保税监管场所或者特殊监管区域。

（2）监管时间延伸

保税仓库存放保税物流货物的时间为 1 年，可以申请延长，最长可延长 1 年；出口监管仓库存放保税物流货物的时间为 6 个月，可以申请延长，最长可延长 6 个月；保税物流中心存放保税物流货物的时间是 2 年，可以申请延长，最长可延长 1 年；保税物流园区、保税区、保税港区存放保税物流货物的时间没有限制。

5. 运离结关

除外发加工和暂准运离（维修、测试、展览等）需要继续监管以外，每一批货物运离保税监管场所或者特殊监管区域，都必须根据货物的实际流向办结海关手续。

二、保税仓库货物

保税仓库是指经海关批准设立的专门存放保税货物及其他未办结海关手续货物的仓库。

（一）保税仓库的功能和存放货物的范围

保税仓库的功能单一，就是仓储，而且只能存放进境货物。经海关批准可以存入保税仓库的进境货物有下列几种：

1）加工贸易进口货物。

2）转口货物。

3）供应国际航行船舶和航空器的油料、物料和维修用零部件。

4）供维修外国产品所进口寄售的零配件。

5）外商进境暂存货物。

6）未办结海关手续的一般贸易进口货物。

7）经海关批准的其他未办结海关手续的进境货物。

保税仓库不得存放国家禁止进境货物，不得存放未经批准的影响公共安全、公共卫生或健康、公共道德或秩序的国家限制进境货物及其他不得存入保税仓库的货物。

（二）保税仓库的类型

保税仓库的类型包括：公用型保税仓库和自用型保税仓库两种。

公用型保税仓库由主营仓储业务的中国境内独立企业法人经营，专门向社会提供保税仓储服务。

自用型保税仓库由特定的中国境内独立企业法人经营，仅存储本企业自用的保税货物。

（三）监管要点

保税仓库货物监管要点为：

1）保税仓库所存货物的储存期限为 1 年。如需要延长储存期限，应向主管海关申请延期，经海关批准可以延长，无特殊情形，延长的期限最长不超过 1 年。特殊情况下，延期后货物存储期超过 2 年的，由直属海关审批。

保税仓库货物超出规定的存储期限未申请延期或海关不批准延期申请的，经营企业应当办理超期货物的退运、纳税、放弃、销毁等手续。

2）保税仓库所存货物，是海关监管货物，未经海关批准并按规定办理有关手续，任何人不得出售、转让、抵押、质押、留置、移作他用或者进行其他处置。

3）货物在仓库储存期间发生损毁或者灭失，除不可抗力原因外，保税仓库应当依法向海关缴纳损毁、灭失货物的税款，并承担相应的法律责任。

4）保税仓库货物可以进行分级分类、分拆分拣、分装、计量、组合包装、打膜、加刷或刷贴运输标志、改换包装、拼装等辅助性简单作业。在保税仓库内从事上述作业必须事先向主管海关提出书面申请，经主管海关批准后方可进行。

5）保税仓库经营企业应于每月前 5 个工作日内，向海关提交月报关单报表、库存总额报表及其他海关认为必要的月报单证，将上月仓库货物入、出、转、存、退等情况以计算机数据和书面形式报送仓库主管海关。

（四）保税仓库货物的报关

保税仓库货物的报关程序可以分为进库报关和出库报关。

1. 进库报关

保税仓库货物进境入仓，经营企业应当在仓库主管海关办理报关手续，经主管海关批准，也可以直接在进境口岸海关办理报关手续。保税仓库货物进境入仓，国家另有规定外，免领进口许可证件。

2. 出库报关

保税仓库货物出仓可能出现进口报关和出口报关两种情况。可以逐一报关，也可以集中报关。

保税仓库货物出仓运往境内其他地方转为正式进口的，须经主管海关保税监管部门审核同意，并办结出仓报关和进口报关手续。

保税仓库出仓复运出境货物，应当按照转关运输方式办理出仓手续。

保税货物如出仓批量少、批次频繁的，经海关批准可以办理定期集中报关手续。

三、出口监管仓库货物

出口监管仓库，是指经海关批准设立，对已办结海关出口手续的货物进行存储、保税货物配送，提供流通性增值服务的海关专用监管仓库。

（一）出口监管仓库的类型

出口监管仓库分为出口配送型仓库和国内结转型仓库。

出口配送型仓库是指存储以实际离境为目的的出口货物的仓库；国内结转型仓库是指存储用于国内结转的出口货物的仓库。

（二）出口监管仓库功能和存放货物的范围

出口监管仓库的功能也只有仓储，主要用于存放出口货物。经海关批准可以存入出口监管仓库的货物有以下几种：

1）一般贸易出口货物。

2）加工贸易出口货物。

3）从其他海关特殊监管区域、场所转入的出口货物。

4）其他已办结海关出口手续的货物。

此外，出口配送型仓库还可以存放为拼装出口货物而进口的货物。

出口监管仓库不得存放国家禁止进出境货物、未经批准的国家限制进出境货物以及海关规定不得存放的货物。

（三）监管要点

出口监管仓库货物监管要点为：

1）出口监管仓库必须专库专用，不得转租、转借给他人经营，不得下设分库。

2）出口监管仓库所存货物的储存期限为 6 个月。如因特殊情况需要延长储存期限，应在到期前 10 日向主管海关申请延期，经海关批准可以延长，延长的期限最长不超过 6 个月。货物存储期满前，仓库经营企业应当通知发货人或其代理人办理货物的出境或者进口手续。

3）出口监管仓库所存货物，是海关监管货物，未经海关批准并按规定办理有关手续，任何人不得出售、转让、抵押、质押、留置、移作他用或者进行其他处置。

4）货物在仓库储存期间发生损毁或者灭失，除不可抗力原因外，出口监管仓库应当依法向海关缴纳损毁、灭失货物的税款，并承担相应的法律责任。

5）经主管海关同意，可以在出口监管仓库内进行品质检验、分级分类、分拣分装、印刷运输标志、改换包装等流通性增值服务。

（四）出口监管仓库货物的报关

出口监管仓库货物报关，大体可分为进仓报关、出仓报关、结转报关和更换报关。

1. 进仓报关

出口货物存入出口监管仓库，发货人或其代理人应向主管海关报出口，填制出口货物报关单，按规定提交许可证件和缴纳出口关税，提交报关必需的其他单证和仓库经营企业填制的"出口监管仓库货物入仓清单"可享受退税政策。

经主管海关批准，对批量少、批次频繁的入仓货物，可以办理集中报关手续。

2. 出仓报关

出口监管仓库货物出仓可能出现出口报关和进口报关两种情况。出口监管仓库货物出仓出境时，仓库经营企业或其代理人按照海关规定办理出口报关手续。出口监管仓库货物转进口的，应当经海关批准，按照进口货物的有关规定办理相关手续。

3. 结转报关

出口监管仓库之间，出口监管仓库与保税区、出口加工区、珠海园区、保税物流园区、保税港区、保税物流中心、保税仓库等特殊监管区域和保税监管场所之间的货物流转，可经转入、转出方所在地主管海关批准，并按转关运输办理相关手续。

4. 更换报关

对已存入出口监管仓库的货物，如因质量等原因要求更换时，须经仓库所在地主管海关批准，按"更换货物先入仓，被换货物后出仓"原则进行更换，且更换货物的商品编码、品名、规格型号、数量和价值应与原货物相同。

四、保税物流中心货物

保税物流中心，是指经海关总署批准，由中国境内一家企业法人经营，多家企业进入并从事保税仓储物流业务的海关集中监管场所。

（一）保税物流中心的功能

保税物流中心的功能是保税仓库和出口监管仓库功能的叠加，既可以存放进口货物，也可以存放出口货物，还可以开展多项增值服务。

1. 存放货物的范围

可以存入保税物流中心的货物有下列几种：

1）国内出口货物。

2）转口货物和国际中转货物。

3）外商暂存货物。

4）加工贸易进出口货物。

5）供应国际航行船舶和航空器的物料、维修用零部件。

6）供维修外国产品所进口寄售的零配件。

7）未办结海关手续的一般贸易进口货物。

8）经海关批准的其他未办结海关手续的货物。

2. 开展业务的范围

保税物流中心开展业务的范围为：

1）保税存储进出口货物及其他未办结海关手续货物。

2）对所存货物开展流通性简单加工和增值服务。

3）全球采购和国际分拨、配送。

4）转口贸易和国际中转业务。

5）经海关批准的其他国际物流业务。

保税物流中心不得开展商业零售，生产和加工制造，维修、翻新和拆解，其他与物流中心无关的业务；不得存储国家禁止进出口货物，危害公共安全、公共卫生或者健康、公共道德或者秩序的国家限制进出口货物，以及法律、行政法规明确规定不能享受保税政策的货物。

（二）监管要点

保税物流中心货物的监管要点为：

1）保税物流中心内货物存储期限为 2 年，确有正当理由的，经主管海关同意可以予以延期，除特殊情况外，延期不得超过 1 年。

2）未经海关批准，保税物流中心不得擅自将所存货物抵押、质押、留置、移作他用或者进行其他处置。

3）保税仓储货物在存储期间发生损毁或者灭失的，除不可抗力外，物流中心经营企业应当依法向海关缴纳损毁、灭失货物的税款，并承担相应的法律责任。

4）保税物流中心经营企业不得在本中心内直接从事保税仓储物流的经营活动。

5）保税物流中心内货物可以在中心内企业之间进行转让、转移，但必须办理相关海关手续。

（三）保税物流中心进出货物的报关

1. 保税物流中心与境外之间的进出货物报关

保税物流中心与境外之间的进出货物报关，应当在物流中心主管海关办理相关手续。除实行出口被动配额管理和我国参加或缔结的国际条约及国家另有规定外，不实行进出口配额、许可证件管理。进出口申报手续与保税仓库和出口监管仓库出库运往境外或出库进入境内货物的报关手续相同。

从境外进入保税物流中心内的货物，凡属于规定存放范围内的货物予以保税；属于保税物流中心企业进口自用的办公用品、交通运输工具、生活消费品等，以及物流中心开展综合物流服务所需进口的机器、装卸设备、管理设备等，按照进口货物的有关规定和税收政策办理相关手续。

2. 保税物流中心与境内之间的进出货物报关

保税物流中心与境内之间的进出货物报关，可以在物流中心主管海关办理进出中心的报关手续，也可以按照境内监管货物转关运输的方式办理相关手续。

保税物流中心货物出中心进入关境内的其他地区视同进口，按照货物进入境内的实际流向和实际状态填制进口货物报关单，办理进口报关手续；属于许可证件管理的商品，企业还应当向海关出具有效的许可证件。

货物从境内进入保税物流中心视同出口，办理出口报关手续。如需缴纳出口关税的，应当按照规定纳税；属于许可证件管理的商品，还应当向海关出具有效的出口许可证件。

网络链接

保税仓库、保税物流中心管理可链接

http://www.customs.gov.cn/default.aspx?tabid=2807

五、保税物流园区货物

保税物流园区是指经国务院批准，在保税区规划面积内或者毗邻保税区的特定港区内设立的、专门发展现代国际物流的海关特殊监管区域。

（一）保税物流园区的功能

保税物流园区的主要功能是保税物流，可以开展以下保税物流业务：

1）存储进出口货物及其他未办结海关手续的货物。

2）对所存货物开展流通性简单加工和增值服务，如分级分类、分拆分拣、分装、计量、组合包装、打膜、印刷运输标志、改换包装、拼装等具有商业增值的辅助性服务。

3）国际转口贸易。

4）国际采购、分销和配送。

5）国际中转。

6）商品展示。

7）经海关批准的其他国际物流业务。

（二）监管要点

保税物流园区货物的监管要点为：

1）保税物流园区是海关监管的特定区域。园区与境内其他地区之间应当设置符合海关监管要求的卡口、围网隔离设施、视频监控系统及其他海关监管所需的设施。

2）海关在园区派驻机构，依照有关法律、行政法规，对进出园区的货物、运输工具、个人携带物品及园区内相关场所实行 24 小时监管，对园区企业实行电子账册监管制度和计算机联网管理制度。

3）保税物流园区除安全人员和相关部门、企业值班人员外，其他人员不得在园区内居住；园区内不得建立工业生产加工场所和商业性消费设施，不得开展商业零售、加工制造、翻新、拆解及其他与园区无关的业务；法律、行政法规禁止进出口的货物、物品不得进出园区。

4）经主管海关批准，园区内企业可以在园区综合办公区专用的展示场所举办商品展示活动。展示的货物应在园区主管海关备案，并接受海关监管。

5）园区货物不设存储期限，园区内货物可以自由流转。未经园区主管海关许可，园区企业不得将所存货物抵押、质押、留置、移作他用或者进行其他处置。

（三）保税物流园区进出货物的报关

1. 保税物流园区与境外之间进、出货物报关

保税物流园区与境外之间进、出货物，应当由园区企业及其代理人向园区主管海关申报。除园区自用的免税进口货物、国际中转货物外，实行备案制管理，适用进出境备案清单。除法律、行政法规另有规定的外，境外运入园区的货物不实行许可证件管理；从园区运往境外的货物，免征出口关税，不实行许可证件管理。

2. 保税物流园区与境内区外之间进出货物报关

保税物流园区与境内区外之间进出货物，分为园区货物运往区外、区外货物运入园区和保税物流园区与其他特殊监管区域、保税监管场所之间货物往来等情况。

园区货物运往区外，视同进口，由区内企业或者区外的收发货人或其代理人按照进口货物的有关规定向园区主管海关申报，海关按照货物出园区时的实际监管方式办理相关手续。

区外货物运入园区，视同出口，由区内企业或者区外的发货人或其代理人向园区主管海

关办理出口申报手续。属于应当缴纳出口关税的商品,应当照章缴纳;属于许可证件管理的商品,应当同时向海关出具有效的许可证件。海关根据货物的实际情况按规定签发出口货物报关单退税证明联。

海关对于园区与其他特殊监管区域或者保税监管场所之间往来的货物,继续实行保税监管,不予签发出口货物报关单退税证明联。园区与其他特殊监管区域、保税监管场所之间的货物交易、流转,不征收进出口环节和国内流通环节的有关税收。

六、保税区货物

保税区是指经国务院批准,在中华人民共和国境内设立的由海关进行监管的特定区域。

(一)保税区的功能

保税区具有出口加工、转口贸易、商品展示、仓储运输等功能,也就是说既有保税加工的功能,又有保税物流的功能。

(二)监管要点

保税区货物的监管要点为:

1)保税区与境内其他地区之间,设置符合海关监管要求的隔离设施,区内企业必须与海关实行电子计算机联网,进行电子数据交换。

2)保税区内企业开展加工贸易,不实行银行保证金台账制度。

3)从非保税区进入保税区的货物,按照出口货物办理手续。企业在办结海关手续后,可办理结汇、外汇核销、加工贸易核销等手续。出口退税必须在货物实际报关离境后才能办理。

4)保税区内的转口货物可以在区内仓库或者区内其他场所进行分级、挑选、印刷运输标志、改换包装等简单加工。

5)禁止事项有下列几点。

① 除安全保卫人员外,其他人员不得在保税区居住。

② 国家禁止进出口的货物、物品,不得进出保税区。

③ 国家明令禁止进出口的货物和列入加工贸易禁止类商品目录的商品在保税区内也不准开展加工贸易。

(三)保税区进出货物的报关

保税区货物的报关分进出境报关和进出区报关。

1. 进出境报关

进出境报关采用报关制和备案制相结合的运行机制,即境外货物进入保税区,属自用的,采取报关制;境外货物进入保税区,属非自用的,包括加工出口、转口、仓储和展示。采取备案制。

保税区与境外之间进出的货物,除易制毒化学品、监控化学品、消耗臭氧层物质等国家规定的特殊货物外，不实行进出口许可证件管理，免予交验许可证件。

为保税加工、保税仓库、转口贸易、展示而从境外进入保税区的货物可以保税。

符合免税规定的货物从境外进入保税区予以免税，海关按特定减免税货物进行监管。

2. 进出区报关

进出区报关要根据不同的情况执行不同的报关程序。

例如，保税加工货物进区，报出口，要有加工贸易纸质手册或者加工贸易电子账册、电子化手册，填写出口货物报关单，提供有关的许可证件，按规定缴纳出口关税，海关不签发出口货物报关单退税证明联。保税区货物出区进入国内市场，报进口，按不同的流向填写不同的进口货物报关单，提供有关许可证件。

此外，进出区外发加工和设备进出区均须适用不同的程序。

> **网络链接**
>
> 保税区管理可链接
>
> http://www.customs.gov.cn/default.aspx?tabid=2806

七、保税港区货物

保税港区是指经国务院批准，设立在国家对外开放的口岸港区和与之相连的特定区域内，具有口岸、物流、加工等功能的海关特殊监管区域。

（一）保税港区的功能

保税港区具备目前中华人民共和国海关所有特殊监管区域具备的全部功能。其可以开展下列业务。

1）存储进出口货物和其他未办结海关手续的货物。

2）国际转口贸易。

3）国际采购、分销和配送。

4）国际中转。

5）检测和售后服务维修。

6）商品展示。

7）研发、加工、制造。

8）港口作业。

9）经海关批准的其他业务。

（二）监管要点

1. 保税港区实行封闭式管理

保税港区与中华人民共和国关境内的其他地区之间设置符合海关监管要求的卡口、围网、视频监控系统及海关监管所需的其他设施。

2. 保税港区享受的税收和外汇管理政策

主要税收政策有：国外货物入港区保税；货物出港区进入国内销售按货物进口办理报关手续，并按货物实际状态征税；国内货物入港区视同出口，实行退税；港区内企业之间的货物交易不征增值税和消费税。

3. 禁止事项

禁止事项为：

1）保税港区内不得居住人员。

2）除保障保税港区内人员正常工作、生活需要的非营利性设施外，保税港区内不得建立商业性生活消费设施和开展商业零售业务。

3）国家禁止进出口的货物、物品不得进出保税港区。

4）区内企业的生产经营活动应当符合国家产业发展要求，不得开展高耗能、高污染和资源性产品及列入《加工贸易禁止类商品目录》商品的加工贸易业务。

4. 物流管理

保税区货物的物流管理为：

1）海关对进出保税港区的运输工具、货物、物品及保税港区内企业、场所进行监管。

2）保税港区内货物可以自由流转。区内企业转让、转移货物的，双方企业应当及时向海关报送转让、转移货物的品名、数量、金额等电子数据信息。

3）保税港区货物不设存储期限。但存储期限超过 2 年的，区内企业应当每年向海关备案。

4）经海关核准，区内企业可以办理集中申报手续。集中申报不得跨年度办理。

5. 加工贸易管理

区内企业不实行加工贸易银行保证金台账制度和合同核销制度，海关对保税港区内加工贸易货物不实行单耗标准管理。

此外，区内企业申请放弃的货物，应经海关及有关主管部门核准后由保税港区主管海关依法提取变卖处理。因不可抗力或保管不善等非不可抗力因素造成保税港区货物损毁、灭失的，应及时以书面报告形式报保税港区主管海关核实确认后，按照有关规定　　处理。

（三）进出保税港区货物的报关

1. 保税港区与境外之间进出货物的报关

保税港区与境外之间进出的货物应当在保税港区主管海关办理海关手续；海关对保税港区与境外之间进出的货物实行备案制管理，对从境外进入保税港区的货物予以保税。从保税港区运往境外的货物免征出口关税。保税港区与境外之间进出的货物，除法律、行政法规和规章另有规定的外，不实行进出口配额、许可证件管理。

2. 保税港区与区外非特殊监管区域或场所之间的报关

保税港区与区外之间进出的货物，区内企业或者区外收发货人按照进出口货物的有关规定向保税港区主管海关办理申报手续，填制进（出）口货物报关单。需要征税的，区内企业或者区外收货人按照货物进出区时的实际状态缴纳税款；属于配额、许可证件管理商品的，区内企业或者区外收货人还应当向海关出具配额、许可证件。如表 6.2 所示。

表 6.2 各种监管形式下的保税物流货物管理要点比较

监管场所、区域名称	存货范围	储存期限	服务功能	注册资本（不低于）	面积（不低于）		审批权限	入区退税	备注
					东部	中西部			
保税仓库	进口	1 年＋1 年＋	储存	300 万元人民币	公用/维修 2000m² 液体 5000m³		直属海关	否	按月报核
出口监管仓库	出口①	半年＋半年	储存/出口配送/国内结转	300 万元人民币	配送 5000m² 结转 1000m²		直属海关	否②	退换货物先入后出
保税物流中心	进出口	2 年＋1 年	储存/全球采购配送/国内结转/转口/中转	5000 万元人民币	100 000m²	50 000m²	海关总署	是	
保税物流园区	进出口	无期限	储存/贸易/全球采购配送/中转/展示				国务院	是	按年报核
保税区	进出口	无期限	物流园区功能＋维修/加工				国务院	否	离境退税
保税港区	进出口	无期限	保税区功能＋港口功能				国务院	是	

注：①出口配送型仓库可以存放为拼装出口货物而进口的货物。
②经批准享受入仓即退税政策的除外。

第四节　特定减免税货物

一、关税减免

关税减免又称关税优惠，是减征关税我免征关税的合称。根据我国《海关法》的规定，关税减免分为三大类，即法定减免税、特定减免税和临时减免税。实际上，特定减免税和临时减免税都属于政策性减免税范围，两者并无明显的区别。

法定减免税，一般是摘《海关法》、《进出口关税条例》，以及其他法律、法规所实话的减免税，大多与国际通行规则相一致，除政府、国际组织无偿赠送的物资外，其他法定减免税货物一般地须办理减免税审批手续。

政策性减免税，是指根据国家政治、经济政策的需要，经国务院批准，对特定地区、物定企业或者有特定用途的进出口货物，给予减免进出口税收的优惠政策，包括基于特定目的实行的临时性减免税政策。

二、特定减免税货物

物定减免税货物是指海关根据国家的政策规定准予减免税进口使用特定地区、物定企业、物这用途的货物。

特定地区是指我国关境内由行政法规规定的某一特别限定区域,享受减免税优惠的进口货物只能在这一特别限定的区域内使用。

特定用途是指国家规定可以享受减免税优惠的进口货物只能用于行政法规专门规定的用途。

特定减免税货物的特征如下:

1. 特定条件下减免进口关税

这种关税优惠具有鲜明的特定性,只能在国家行政法规规定的特定条件下使用。

2. 进口申报应当提交进口许可证件

特定减免税货物是实际进口货物。按照国家有关进出境管理的法律法规,凡属于进口需要交验许可证件的货物,收货人或其代理人都应当在进口申报时向海关提交进口许可证件。

3. 进口后在特定的海关监管期限内接受海关监管

特定减免税货物的海关监管期限为:船舶、飞机,8 年;机动车辆,6 年;其他货物,5 年。

二、监管要点

特定减免税货物的监管要点为:

1)由进口货物减免税申请人或其代理人办理减免税备案、审批、税款担保和后续管理业务等相关手续。

2)减免税申请人面临下列情形之一的,可以向海关申请凭税款担保先予办理货物放行手续。

① 主管海关按照规定已经受理减免税备案或者审批申请,尚未办理完毕的。

② 有关进口税收优惠政策已经国务院批准,具体实施措施尚未明确,海关总署已确认减免税申请人属于享受该政策范围的。

③ 其他经海关总署核准的情况。

国家对进出口货物有限制性规定,应当提供许可证件而不能提供的,以及法律、行政法规规定不得担保的其他情形,不得办理减免税货物凭税款担保放行手续。

3)税款担保期限不超过 6 个月,经直属海关关长或者其授权人批准可以予以延期,延期时间自税款担保期限届满之日起算,延长期限不超过 6 个月。特殊情况仍需要延期的,应当经海关总署批准。

三、特定减免税货物的报关

特定减免税货物的报关程序包括减免税备案和审批、进口报关、后续处置和解除监管三个阶段。

（一）减免税备案和审批

减免税申请人向投资项目所在地海关申请办理减免税备案、审批手续，包括减免税备案和减免税证明申领两个环节。

"进出口货物征免税证明"的有效期一般为 6 个月，情况特殊，可以向海关申请延长，延长的最长期限为 6 个月。进出口货物征免税证明实行"一证一批"原则。

网络链接

减免税申请手续可链接

http://www.customs.gov.cn/publish/portal0/tab4847/info9254.htm

（二）进口报关

在特定减免税货物运抵口岸后，收货人或其代理人应向海关办理进口手续。海关审核进口货物的《征免税证明》及其他报关单证，履行相关的海关进境管理手续后予以放行。

（三）后续处置和解除监管

1. 后续处置

特定减免税货物在海关监管期限以内，因特殊原因需要变更使用地点，或办理结转、转让、移作他用、变更、终止、贷款抵押等手续的，均应当向主管海关提出申请，经主管海关审核同意后方得办理相关海关手续。

2. 解除监管

特定减免税进口货物监管期届满时，减免税申请人不必向海关申领"减免税进口货物解除监管证明"，有关减免税货物自动解除监管，可以自行处置；如减免税申请人需要"减免税进口货物解除监管证明"的，可以自监管年限届满之日起 1 年内，持有关单证向海关申请领取"减免税进口货物解除监管证明"。海关自接到特定减免税申请人的申请之日起 20 日内核实情况，并填发"减免税进口货物解除监管证明"。

读一读

特定减免税货物进口报关程序与一般进出口货物报关程序的区别

特定减免税货物进口报关程序，与一般进出口货物的报关程序基本相同，但在有些具体手续有所不同。

（1）特定减免税货物进口报关时，进口货物收货人或其代理人除了向海关提交报关单及随附单证以外，还应当向海关提交"进出口货物征免税证明"。海关在审单时从计算机查阅征免税证明的电子数据，核对纸质的"进出口货物征免税证明"。

（2）特定减免税货物一般不豁免进口许可证件，但是对外资企业和香港、澳门、台湾同胞及华侨的投资企业进口本企业自用的机器设备，可免于交验进口许可证件；外商投资企业在投资总额内进口涉及机电产品自动进口许可管理的，也可免予交验有关许可证件。

（3）特定减免税货物进口填制报关单时，报关员应当特别注意报关单上"备案号"栏目的填写。"备案号"栏填写"进出口货物征免税证明"上的12位编号。

特定减免税货物在海关监管期限以内，因特殊原因出售、转让、放弃，或者企业破产清算的，原"进出口货物征免税证明"的申请人在办理有关进口货物的结关手续后，应当向原签发征免税证明的海关提出解除监管申请，主管海关经审核批准后，签发"减免税进口货物解除监管证明"。

第五节　暂准进出境货物

暂准进出境货物是暂准进境货物和暂准出境货物的合称。暂准进境货物是指为了特定的目的，经海关批准暂时进境，按规定的期限原状复运出境的货物；暂准出境货物是指为了特定的目的，经海关批准暂时出境，按规定的期限原状复运进境的货物。

一、暂准进出境货物的特征

1. 暂时免予缴纳税费

暂准进出境货物在向海关申报进出境时，不必缴纳进出口税费，但收发货人须向海关提供担保。

2. 免予提交进出口许可证件

暂准进出境货物不是实际进出口货物，只要按照暂准进出境货物的有关法律、行政法规办理进出境手续，可免予交验进出口许可证件。但是，涉及公共道德、公共安全、公共卫生所实施的进出境管制制度的暂准进出境货物应当凭许可证件进出境。

3. 在规定期限内按原状复运进出境

暂准进出境货物应当自进境或者出境之日起6个月内复运出境或者复运进境；经收发货

人申请，海关可以根据规定延长复运出境或者复运进境的期限。

4. 按货物实际使用情况办结海关手续

暂准进出境货物都必须在规定期限内，由货物的收发货人根据货物不同的情况向海关办理核销结关手续。

二、暂准进出境货物的范围

暂准进出境货物分为两大类。

第一类是指经海关批准暂时进境或出境的货物，在进境或出境时纳税义务人向海关缴纳相当于应纳税款的保证金或者提供其他担保可以暂不缴纳税款，并按规定的期限复运出境或复运进境。

第二类是指第一类以外的暂准进出境货物，如工程施工中使用的设备、仪器及用品等。本节对此类暂准进出境货物不作介绍。

第一类暂准进出境货物的范围如下：

1）在展览会、交易会、会议及类似活动中展示或者使用的货物。

2）文化、体育交流活动中使用的表演、比赛用品。

3）进行新闻报道或者摄制电影、电视节目使用的仪器、设备及用品。

4）开展科研、教学、医疗活动使用的仪器、设备和用品。

5）上述四项所列活动中使用的交通工具及特种车辆。

6）货样。

7）供安装、调试、检测、修理设备时使用的仪器及工具。

8）盛装货物的容器。

9）其他用户用于非商业目的的货物。

三、暂准进出境货物的报关

上述九项暂准进出境货物按照我国海关的监管方式可以归纳为：使用 ATA 单证册报关的暂准进出境货物；不使用 ATA 单证册报关的展览品；集装箱箱体；暂时进出境货物。暂准进出境货物的报关程序见表 6.3；暂准进出境货物的海关监管期限见表 6.4。

> **网络链接**
>
> 海关对暂时进出口货物的监管可链接
> http://www.customs.gov.cn/tabid/3414/default.aspx

表 6.3　暂准进出境货物的报关程序

暂准进出口货物	前期报关阶段	进出境报关阶段	后续报关阶段
使用 ATA 单证册报关的进出境货物	举办展览会的报批备案	货物进境或出境提交 ATA 单证册	进出境展览品按去向办理手续及核销结案
不使用 ATA 单证册报关的进出境展览品		展览品进境或出境提供担保	
暂准进境的境外集装箱箱体	—	集装箱进境或出境提供担保	集装箱箱体的复出境或复进境及核销结案
暂时进出口货物	—	货物进境或出境提供担保	暂时进出口货物按去向办理手续及核销结案

表 6.4　暂准进出境货物的海关监管期限

货物类别		期限	延期的管理规则
使用 ATA 单证册报关的暂准进出境货物		进境或出境之日起 6 个月	超过 6 个月的，需直属海关批准；延期最多不超过 3 次，每次延长期限不超过 6 个月
不使用 ATA 单证册报关的暂准进出境货物	进境展览品	进境之日起 6 个月	延期最多不超过 3 次，每次延长期限不超过 6 个月
	出境展览品	出境之日起 6 个月	如期限需延长，应当向主管海关申请
暂准进境的境外集装箱箱体		进境之日起 6 个月	可延期，但延长期限不得超过 3 个月
暂时进出口货物		进境或出境之日起 6 个月	延期最多不超过 3 次，每次延长期限不超过 6 个月

读一读

ATA 单证册与集装箱箱体

1. ATA 单证册

ATA 单证册是"暂准进口单证册"的简称，是指世界海关组织通过的《货物暂准进口公约》及其附约 A 和《关于货物暂准进口的 ATA 单证册海关公约》（以下简称《ATA 公约》）中规定使用的，用于替代各缔约方海关暂准进出口货物报关单和税费担保的国际性通关文件。

中国国际商会是我国 ATA 单证册的出证和担保机构，负责签发出境 ATA 单证册，向海关报送所签发单证册的中文电子文本，协助海关确认 ATA 单证册的真伪，并且向海关承担 ATA 单证册持证人因违反暂准进出境规定而产生的相关税费、罚款。

在我国，使用 ATA 单证册的范围仅限于展览会、交易会、会议及类似活动项下的货物。除此以外的货物，我国海关不接受持 ATA 单证册办理进出口申报手续。

使用 ATA 单证册报关的货物暂准进出境期限为自货物进出境之日起 6 个月。超过 6 个月的，ATA 单证册持证人可以向海关申请延期。延期最多不超过 3 次，每次延长期限不超 6 个月。延长期届满应当复运出境、进境或者办理进出口手续。

2. 集装箱箱体

集装箱箱体既是一种运输设备，又是一种货物。当货物用集装箱装载进出口时，集装箱箱体就作为一种设备；当一个企业购买进口或销售出口集装箱时，集装箱箱体就是普通的进出口货物。

集装箱箱体作为货物进出口是一次性的，而在通常情况下，是作为运输设备暂准进出境的。

第六节 其他进出境货物

一、过境、转运、通运货物

（一）过境货物

过境货物是指从境外起运，在我国境内不论是否换装运输工具，通过陆路运输，继续运往境外的货物。过境货物的过境期限为 6 个月，因特殊原因，可以向海关申请延期，经海关同意后，最长可延期 3 个月。超过规定期限 3 个月仍未过境的，海关按规定依法提取变卖，变卖后的货款按有关规定处理。

1. 过境货物范围

（1）准予过境的货物

准予过境的货物包括：与我国签有过境货物协定的国家的过境货物；在同我国签有铁路联运协定的国家收、发货的过境货物；未与我国签有过境货物协定但经国家商务、运输主管部门批准，并向入境地海关备案后准予过境的货物。

（2）禁止过境的货物

禁止过境的货物有：来自或运往我国停止或禁止贸易的国家和地区的货物；各种武器、弹药、爆炸品及军需品（通过军事途径运输的除外）；各种烈性毒药、麻醉品和鸦片、吗啡、海洛因、可卡因等毒品；我国法律、法规禁止过境的其他货物、物品。

2. 监管要点

海关对过境货物监管的目的是为了防止过境货物在我国境内运输过程中滞留在国内，或将我国货物混入过境货物随运出境；防止禁止过境货物从我国过境。

过境货物监管要点为：

1）装载过境货物的运输工具，应当具有海关认可的加封条件或装置，海关认为必要时，可以对过境货物及其装载装置进行加封；运输部门和过境货物经营人应当负责保护海关封志的完整，任何人不得擅自开启或损毁。

2）过境货物在进境以后、出境以前，应当按照运输主管部门规定的路线运输，运输部门没有规定的，由海关指定。

3）海关可根据情况派员押运过境货物运输。

4）过境货物进境后因换装运输工具等原因需卸下地储存时，应当经海关批准并在海关监管下存入海关指定或同意的仓库或场所。

5）民用爆炸品、医用麻醉品等的过境运输，应经海关总署商有关部门批准后，方可过境。

6）有伪报货名和国别，借以运输我国禁止过境货物的，以及其他违反我国法律、行政法规情事的，海关可依法将货物扣留处理。

7）海关可以对过境货物实施查验，海关在查验过境货物时，经营人或承运人应当到场，负责搬移货物，开拆、封装货物。

8）过境货物在境内发生损毁或者灭失的（除不可抗力原因造成的外），经营人应当负责向出境地海关补办进口纳税手续。

（二）转运货物

转运货物是指由境外起运，通过我国境内设立海关的地点换装运输工具，不通过境内陆路运输，继续运往境外的货物。

1．转运货物的范围

进境运输工具载运的货物具备下列条件之一的，可以办理转运手续：

1）持有转运或联运提货单的。

2）进口载货清单上注明是转运货物的。

3）持有普通提货单，但在卸货前向海关声明转运的。

4）误卸的进口货物，经运输工具经营人提供确实证件的。

5）因特殊原因申请转运，获海关批准的。

2．监管要点

海关对转运货物实施监管的主要目的在于防止货物在口岸换装过程中误进口或误出口。转运货物的监管要点为：

1）外国转运货物在中国口岸存放期间，不得开拆、改换包装或进行加工。

2）转运货物必须在 3 个月之内办理海关有关手续并转运出境，超出规定期限 3 个月仍未转运出境或办理其他海关手续的，海关将提取依法变卖处理。

3）海关对转运的外国货物有权进行查验。

（三）通运货物

通运货物是指从境外起运，不通过我国境内陆路运输，运进境后由原运输工具载运出境的货物。

载有通运货物的运输工具进境时，运输工具的负责人应凭注明通运货物名称和数量的"船舶进口报告书"或国际民航机使用的"进口载货舱单"向进境地海关申报；进境地海关在接受申报后，在运输工具抵、离境时对申报的货物予以核查，并监管货物实际离境。

运输工具因装卸货物需搬运或倒装货物时，应向海关申请并在海关的监管下进行。

网络链接

海关对过境、转运、通运货物的监管可链接

http://www.customs.gov.cn/tabid/3414/default.aspx

二、货样、广告品

货样是指专供订货参考的进出口货物样品。广告品是指用以宣传有关商品的进出口广告宣传品。货样、广告品分为以下两类：

1）货样广告品 A，指有进出口经营权的企业价购或售出货样、广告品。

2）货样广告品 B，指没有进出口经营权的企业（单位）进出口及免费提供进出口的货样、广告品。

进出口货样、广告品的报关程序除暂准进出境的货样、广告品外，只有进出口报关阶段的四个环节，即申报、配合查验、缴纳税费、提取或装运货物。

三、租赁货物

租赁是指所有权和使用权之间的一种借贷关系，即由资产所有者（出租人）按契约规定，将租赁物件租给使用人（承租人），使用人在规定期限内支付租金并享有租赁物件使用权的一种经济行为。跨越国（地区）境的租赁就是国际租赁，而以国际租赁方式进出境的货物，即为租赁进出口货物。

租赁进口货物主要指金融租赁进口货物和经营租赁进口货物。

金融租赁进口货物带有融资性质，一般是不复运出境的，租赁期满，通常以很低的名义价格转让给承租人，承租人按合同规定分期支付租金，租金的总额一般都大于货价。金融租赁进口货物租期届满之日起 30 日内，纳税义务人应当申请办结海关手续，将租赁进口货物退运出境，如不退运出境，以残值转让，则应当按照转让的价格审查确定完税价格计征进口关税和进口环节海关代征税。

经营租赁进口货物带有服务性质，一般是暂时性质的，按合同规定的期限复运出境，承租人按合同规定支付租金，租金总额一般都小于货价。经营租赁进口货物租期届满之日起 30 日内，纳税义务人应当申请办结海关手续，将租赁进口货物复运出境或者办理留购、续租的申报纳税手续。

四、无代价抵偿货物

无代价抵偿货物是指进出口货物在海关放行后，因残损、短少、品质不良或者规格不符，由进出口货物的发货人、承运人或者保险公司免费补偿或者更换的与原货物相同或者与合同规定相符的货物。

收发货人申报进出口的无代价抵偿货物，与退运出境或者退运进境的原货物不完全相同或者与合同规定不完全相符的，经收发货人说明理由，海关审核认为理由正当且税则号列未发生改变，仍属于无代价抵偿货物范围。

收发货人申报进出口的免费补偿或者更换的货物，其税则号列与原进出口货物的税则号列不一致的，不属于无代价抵偿货物范围，属于一般进出口货物范围。

（一）无代价抵偿货物的特征

无代价抵偿货物海关监管的基本特征为：

1）进出口无代价抵偿货物免予交验进出口许可证件。

2）进口无代价抵偿货物，不征收进口关税和进口环节海关代征税；出口无代价抵偿货物，不征收出口关税。

3）现场放行后，海关不再进行监管。

（二）无代价抵偿货物的报关

无代价抵偿大体上可以分为两种：一种是短少抵偿；一种是残损、品质不良或规格不符抵偿。

残损、品质不良或规格不符引起的无代价抵偿货物，进出口前应当先办理被更换的原进出口货物中残损、品质不良或规格不符货物的退运进出境手续。

向海关申报进出口无代价抵偿货物应当在原进出口合同规定的索赔期内，而且不超过原货物进出口之日起 3 年。

收发货人向海关申报无代价抵偿货物进出口时除应当填制报关单和提供基本单证外，还应当提供其他特殊单证。

五、进出境修理货物

进境修理货物是指运进境进行维护修理后复运出境的机械器具、运输工具或者其他货物，以及为维修这些货物需要进口的原材料、零部件，包括原出口货物运进境修理和其他货物运进境修理。

出境修理货物是指运出境进行维护修理后复运进境的机械器具、运输工具或者其他货物，以及为维修这些货物需要出口的原材料、零部件，包括原进口货物运出境修理（在保修期内或在保修期外）和其他货物运出境修理。

（一）进出境修理货物特征

进出境修理货物海关监管的基本特征为：

1）进境维修货物免予缴纳进口关税和进口环节海关代征税，但要向海关提供担保，并接受海关后续监管。对于一些进境维修的货物，也可以申请按照保税货物办理进境手续。

2）出境修理货物进境时，在保修期内并由境外免费维修的，可以免征进口关税和进口环节海关代征税；在保修期外或者在保修期内境外收取维修费用的，应当按照境外修理费和材料费审定完税价格计征进口关税和进口环节海关代征税。

3）进出境修理货物免予交验许可证件。

（二）进出境修理货物的报关

1. 货物进出境修理的期限

货物进境或出境维修的期限为进口或出境之日起 6 个月，可以申请延长，延长的期限最长不超过 6 个月。货物在境内维修期间受海关监管。

2. 进出境修理货物的申报

（1）进境修理货物

由收货人或其代理人持维修合同或者含有保修条款的原出口合同及申报进口需要的所有单证办理货物进口申报手续，并提供进口税款担保；修理货物复出境申报时，应当提供原修理货物进口申报时的报关单（留存联或复印件）；修理货物复出境后应当申请销案，正常销案的，海关应当退还保证金或撤销担保。未复出境部分货物应当办理进口申报纳税手续。

（2）出境修理货物

由发货人向海关提交维修合同或含有保修条款的原进口合同，以及申报出口需要的所有单证，办理出境申报手续；修理货物复运进境时应当向海关申报在境外实际支付的修理费和材料费，由海关审查确定完税价格，计征进口关税和进口环节海关代征税，超过海关规定期限复运进境的，海关按一般进口货物计征进口关税和进口环节海关代征税。

六、出料加工货物

出料加工货物是指我国境内企业运到境外进行技术加工后复运进境的货物。

（一）出料加工的原则

出料加工的目的是为了借助国外先进的加工技术提高产品的质量和档次，因此只有在国内现有的技术手段无法或难以达到产品质量要求而必须运到境外进行某项工序加工的情况下，才可开展出料加工业务。

出料加工原则上不能改变原出口货物的物理形态。对完全改变原出口货物物理形态的出境加工，属于一般出口。

（二）出料加工货物的期限

出料加工货物自运出境之日起6个月内应当复运进境，如需延期的，须经海关批准，但延长的期限最长不得超过3个月。

（三）出料加工货物的报关

1. 备案

开展出料加工的经营企业应当到主管海关办理出料加工合同的备案申请手续。海关受理备案的应当核发《出料加工手册》。

2. 进出境报关

出料加工货物出境或复运进口，发货人或其代理人应当向海关提交手册、出（进）口货物报关单、货运单据及其他海关需要的单证申报出（进）口。货物出境属许可证件管理的商品，免交许可证件；属应征出口税的商品，应提供担保。货物复运进口，海关以境外加工费、材料费、复运进境的运输及其相关费用和保险费审查确定完税价格征收进口关税和进口环节海关代征税。为有效监管，海关可以对出料加工出口货物附加标志、标记或留取货样。

3. 核销

出料加工货物全部复运进境后，经营人应当向海关报核，海关进行核销，提供担保的，应当退还保证金或者撤销担保；未按海关允许期限复运进境的，海关按照一般进出口货物办理，将货物出境时收取的税款担保金转为税款，货物进境时按一般进口货物征收进口关税和进口环节海关代征税。

七、溢卸货物和误卸货物

溢卸货物是指未列入进口载货清单、提单或运单的货物，或者多于进口载货清单、提单或运单所列数量的货物。

误卸货物是指将指运境外港口、车站或境内其他港口、车站而在本港（站）卸下的货物。

（一）监管要点

经海关核实的溢卸货物和误卸货物，自运输工具卸货之日起3个月内，由载运该货物的原运输工具负责人，向海关申请办理退运出境手续；或者由该货物的收发货人，向海关申请办理退运或者申报进口手续。经上述当事人申请，海关批准，可以延3个月办理退运出境或者申报进口手续。

超期未向海关办理退运或者申报进口手续的，由海关提取依法变卖处理；属于危险品或者鲜活、易腐、易烂、易失效、易变质、易贬值等不宜长期保存的货物的，海关可以根据实际情况，提前提取依法变卖处理，变卖所得价款按有关规定处理。

（二）溢卸货物和误卸货物的报关

溢卸、误卸货物报关程序的适用是根据该货物的处置来决定的，大体有以下几种情况：退运境外、溢短相补、物归"原主"、就地进口、境内转售等。

> **网络链接**
>
> 海关对溢卸货物和误卸货物的监管可链接
> http://www.customs.gov.cn/tabid/3413/default.aspx

八、退运货物

退运货物是指原出口货物或进口货物因各种原因造成退运进口或者退运出口的货物。退运货物包括一般退运货物和直接退运货物。

（一）一般退运货物

一般退运货物是指已办理申报手续且海关已放行出口或进口，因各种原因造成退运进口或退运出口的货物。

1. 一般退运进口货物的报关

一般退运进口货物的报关分为原出口货物已收汇的报关和原出口货物未收汇的报关两种情况。

（1）原出口货物已收汇的报关

由原发货人或其代理人填写进口货物报关单并提供以下原货物出口时出口货物报关单；加盖有已核销专用章的"外汇核销单出口退税专用联"（正本），或税务部门出具的"出口商品退运已补税证明"，保险公司证明或承运人溢装、漏卸证明等相关证明向进境地海关申报，办理退运进口手续。

（2）原出口货物未收汇的报关

由原发货人或其代理人填制一份进口货物报关单，提交原出口货物报关单、出口收汇核销单、报关单退税证明联向进口地海关申报退运进口。出口货物部分退运进口的，海关在原出口货物报关单上批注退运的实际数量、金额后退回企业并留存复印件，经海关核实无误后，验放有关货物进境，免征出口关税，已征收的进口关税和进品环节海关代征税，自缴纳进口程故之日起 1 年内准予退还。

（3）税收

因品后或者规格原因，出口货物自出口之日起 1 年内原状退货复运进境的，经海关核实后不予征收进口税；原出口时已征收出口关税的，只要重新缴纳因出口而退还的国内环节税，自缴纳出口税款之日起 1 年内准予退还。

2. 一般退运出口货物的报关

因故退运出口的进口货物，原收货人或其代理人应填写出口货物报关单申报出境，并提供原货物进口时的进口货物报关单、保险公司证明或承运人溢装、漏卸的证明等有关资料，经海关核实无误后，验放有关货物出境，免征出口关税，已征收的进口关税和进口环节海关代征税，自缴纳进口税款之日起 1 年内准予退还。

（二）直接退运货物

直接退运货物是指在进境后、办结海关放行手续前，进口货物收发货人、原运输工具负责人或其代理人（以下统称当事人）申请直接退运境外，或者海关根据国家有关规定责令直接退运境外的全部或部分货物。

进口转关货物在进境地海关放行后，当事人申请办理退运手续的，不属于直接退运货物，应当按一般退运货物办理。

1. 直接退运的货物

（1）直接退运货物的范围

在货物进境后、办结海关放行手续前，有下列情形之一的，当事人可以向海关申请办理直接退运手续：

1）因国家贸易管理政策调整，收货人无法提供相关证件的。

2）属于错发、误卸或者溢卸货物，能够提供发货人或者承运人书面证明文书的。

3）收发货人双方协商一致同意退运，能够提供双方同意退运的书面证明文书的。

4）有关贸易发生纠纷，能够提供法院判决书、仲裁机构仲裁决定书或者无争议的有效货物所有权凭证的。

5）货物残损或者国家检验检疫不合格，能够提供国家检验检疫部门根据收货人申请而出具的相关检验证明文书的。

对在当事人申请直接退运前，海关已经确定查验或者认为有走私违规嫌疑的货物，不予办理直接退运，待查验或者案件处理完毕后，按照海关有关规定处理。

（2）直接退运货物的报关

申请直接退运一般应在载运该批货物的运输工具申报进境之日起，或者自运输工具卸货之日起 3 个月内，由货物所有人或其代理人向进境地海关提出正式书面申请。

进口货物直接退运应当从原进境地口岸退运出境。对因运输原因需要改变运输方式或者由另一口岸退运出境的，应当经由原进境地海关批准后，以转关运输方式出境。

2. 海关责令直接退运的货物

（1）海关责令直接退运货物的范围

在货物进境后、办结海关放行手续前，有下列情形之一，依法应当退运的，由海关责令当事人将进口货物直接退运境外：

1）进口国家禁止进口的货物，经海关依法处理后的。

2）违反国家检验检疫政策法规，经国家检验检疫部门处理并且出具"检验检疫处理通知书"或者其他证明文书后的。

3）未经许可擅自进口属于限制进口用做原料的固体废物，经海关依法处理后的。

4）违反国家有关法律、行政法规，应当责令直接退运的其他情形。

对需要责令进口货物直接退运的，由海关根据相关政府行政主管部门出具的证明文书，向当事人制发《中华人民共和国海关责令进口货物直接退运通知书》。

（2）海关责令直接退运货物的报关

海关责令直接退运货物的报关手续与直接退运的报关基本相同。

九、退关货物

退关货物又称出口退关货物，是指向海关申报出口并获准放行，但因故未能装上运输工具，经发货单位请求，退运出海关监管区域不再出口的货物。

出口货物的发货人及其代理人应当在得知出口货物未装上运输工具，并决定不再出口之日起 3 天内，向海关申请退关，经海关核准且撤销出口申报后方能将货物运出海关监管场所。已缴纳出口关税的退关货物，可以在缴纳税款之日起 1 年内，提出书面申请，向海关申请退税。出口货物的发货人及其代理人办理出口货物退关手续后，海关应对所有单证予以注销，并删除有关报关电子数据。

十、放弃货物

放弃货物又称放弃进口货物，是指进口货物的收货人或其所有人声明放弃，由海关提取依法变卖处理的货物。放弃货物包括：

1）没有办结海关手续的一般进口货物。

2）保税货物。

3）在监管期内的特定减免税货物。

4）暂准进境货物。

5）其他没有办结海关手续的进境货物。

国家禁止或限制进口的废物、对环境造成污染的货物不得声明放弃。

放弃进口货物由海关提取依法变卖处理。变卖价款扣除相关费用后尚有余款的，上缴国库。

十一、超期未报关货物

超期未报关货物是指在规定的期限内未办结海关手续的海关监管货物。

（一）超期未报关货物的范围

超期未报关货物包括：

1）自运输工具申报进境之日起，超过3个月未向海关申报的进口货物。

2）在海关批准的延长期满仍未办结海关手续的溢卸、误卸货物。

3）超过规定期限3个月未向海关办理复运出境或者其他海关手续的保税货物。

4）超过规定期限3个月未向海关办理复运出境或者其他海关手续的暂准进境货物。

5）超过规定期限3个月未运输出境的过境、转运和通运货物。

（二）超期未报关货物的处理

超期未报关进口货物由海关提取依法变卖处理。变卖价款按照规定扣除相关费用和税款后，尚有余款的，自货物依法变卖之日起1年内，经进口货物收货人申请，予以发还。其中被变卖货物属于许可证件管理商品的，应当提交许可证件而不能提供的，不予发还；不符合进口货物收货人资格、不能证明其对进口货物享有权利的，申请不予受理。逾期无进口货物收货人申请、申请不予受理或者不予发还的，余款上缴国库。

经海关审核符合被变卖进口货物收货人资格的发还余款的申请人，应当按照海关对进口货物的申报规定，补办进口申报手续。

综 合 实 训

一、保税加工货物、保税仓库货物报关实训

深圳某企业（A类企业）于2009年3月份从美国进口一批电脑零部件，其中一部分用于加工装配电脑返销美国，该企业报关员于3月6日向深圳盐田海关申报；其余零部件

于同日存入深圳某一保税仓库，用以转口销往马来西亚。

【实训要求】请根据上述业务背景，回答下列问题。

（1）该业务涉及那些报关业务？

【业务处理】_____

（2）针对加工返销的保税货物，该企业须报深圳市什么部门审批加工贸易合同？若合同审批通过后需申领什么文件？

【业务处理】_____

_____

（3）用于加工装配的零部件进境前，该企业须凭海关出具的何文件向中国银行办理"加工贸易银行保证金台账"手续？是"实转"还是"空转"？为什么？

【业务处理】_____

_____

_____

（4）银行保证金台账手续办妥后企业凭中国人民银行出具的何文件向海关申领《加工贸易登记手册》？

【业务处理】_____

（5）用于加工装配的料件进境时，报关员需持哪些单证向海关申报？

【业务处理】_____

_____

（6）该企业加工装配的电脑一般须在何时之前出口？

【业务处理】_____

（7）货物报关出口后须在几日内向海关办理报核手续？需提交哪些资料？

【业务处理】_____

_____

（8）若在加工装配过程中剩余部分零部件，该企业可作何处理？

【业务处理】_____

_____

（9）部分存入保税仓库的零部件最长可存放多久？

【业务处理】_____

（10）报关员向海关办理保税仓库入仓手续时须提交哪些单证？

【业务处理】_____

_____

（11）报关员办理保税仓库入库手续可以采用的申报方式有几种？

【业务处理】_____

_____

（12）假设 4 月 6 日该企业将保税仓库的零部件售与马来西亚某一进口商，则应如何办理相关报关手续？

【业务处理】_____

_____

_____

二、退关货物、退运货物和无代价抵偿货物报关实训

2010 年 5 月，广东省佛山市某出口公司与美国旧金山某进口公司签订一份贸易合同，出口 1200 台电冰箱，合同规定，单价每台为 500 美元 CIF San Francisco，装运期为 7 月份，支付方式为即期信用证，索赔期为货物抵达目的港的 6 个月内。2010 年 7 月 10 日，出口公司将货物运抵海关监管区，并办结海关手续。因销售计划改变，进口公司与出口公司协商，将订购数量减至 1000 台，并通知开证行对信用证作了相应的修改。7 月 15 日，出口公司将 1000 台电冰箱装上轮船，并凭整套结汇单据向银行议付货款。2010 年 8 月 10 日货物运抵美国旧金山，进口公司经检验后发现当中的 50 台电冰箱质量存在问题，要求出口公司予以更换。该 50 台电冰箱于 2010 年 10 月 20 日运抵广州南沙港。2010 年 10 月 25 日出口公司组织 50 台完好的电冰箱出口，以更换质量有问题的货物。

【实训要求】请根据上述业务背景，回答下列问题。

（1）未能按原贸易合同规定出口的 200 台电冰箱（运回企业）属于何类型的海关监管货物？应如何办理海关手续？

【业务处理】_____

_____

_____

（2）这 200 台电冰箱可否申请存入出口监管仓库？

【业务处理】_____

_____

（3）2010 年 10 月 20 日运抵广州黄埔港的 50 台电冰箱属于何类型的海关监管货物？应如何办理海关手续？

【业务处理】_____

_____

_____

（4）2010 年 10 月 25 日出口公司组织的 50 台电冰箱属于何类型的海关监管货物？应如何办理海关手续？

【业务处理】_____

_____

_____

参 考 文 献

李柏林. 2010. 报关员资格全国统一考试教材. 北京：中国海关出版社.

罗凤翔，丛凤英. 2008. 报关业务实训教程. 北京：中国商务出版社.

徐伟. 2004. 报关实务. 北京：中国商务出版社.

张慧如. 2006. 报关单填制综合练习. 北京：中国海关出版社.